SECRET OF MARUGAME SEIMEN

丸亀製麺はなぜNo.1になれたのか?

小野正誉 Masatomo Ono

非効率の極め方と正しいムダのなくし方

祥伝社

突然ですが、3択クイズです。

【第1問】

丸亀製麺で国内最大の売上を誇る店舗は、
羽田空港内にあります。
そのお店でさまざまな工夫を積み重ねたら、
売上が2倍になりました。
その工夫のひとつとは？

❶ メニューを増やした。

❷ 面積を広くした。

❸ テーブルにお冷ピッチャーを置いた。

正解は104ページ

【第2問】

丸亀製麺においてうどんの味や品質をチェックしている「麺匠」。
全国に何人いるでしょう？
ちなみに、国内はいま、約800店舗です。

❶ ひとり
❷ 47人
❸ 800人

正解は50ページ

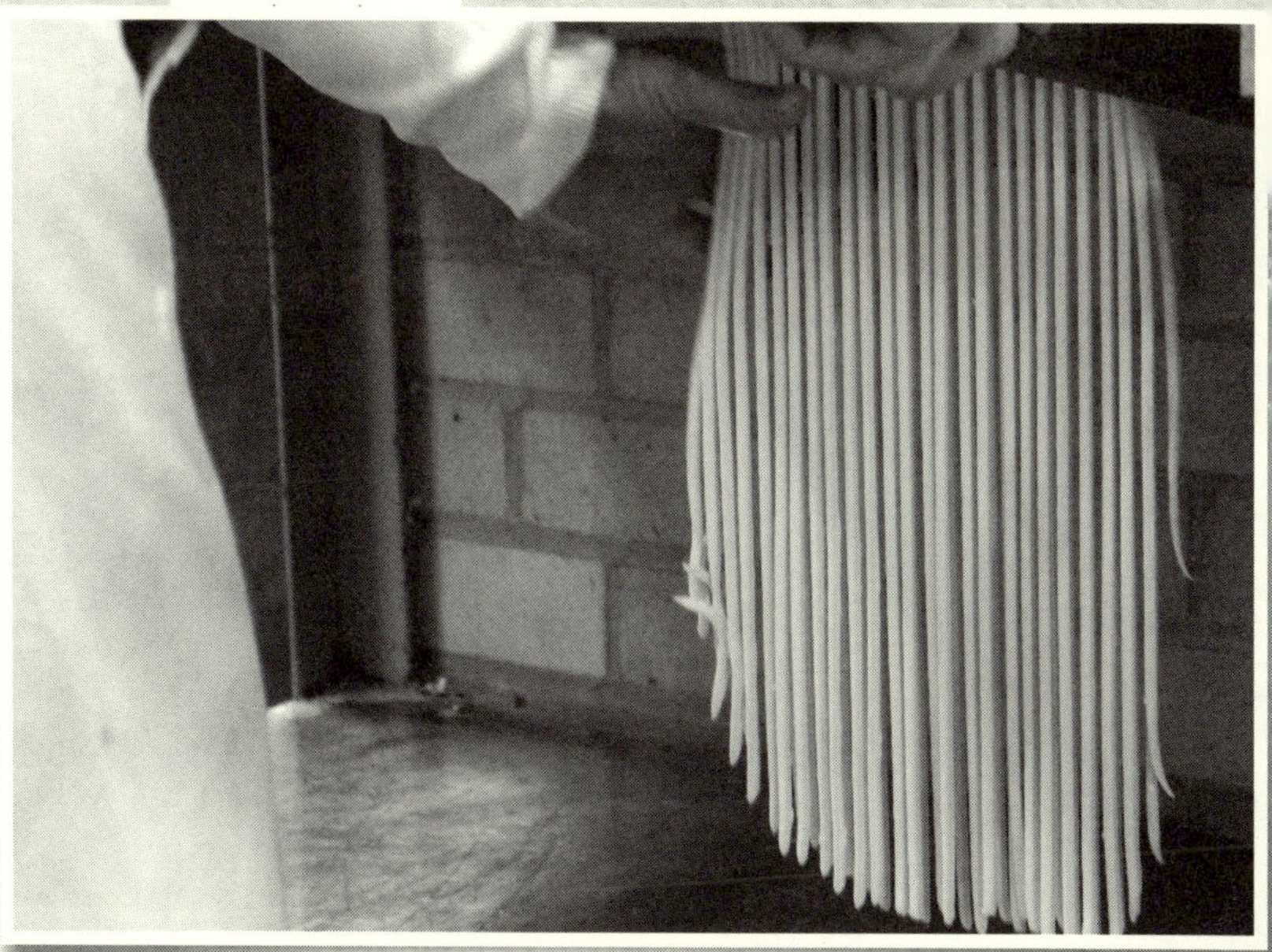

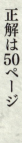

【第3問】

丸亀製麺では、
かつて売上が落ちたときに、
ある「新製品」で
その危機を脱しました。
どんな商品だったのでしょう？

❶ これまでになかった激安メニュー

❷ インパクト、ボリューム重視の高単価メニュー

❸ 手頃なワンコイン（500円）のセットメニュー

正解は70ページ

【第4問】

丸亀製麺では、現場のパートナーさん（アルバイト・パート従業員）のアイデアを積極的に採用しています。その中で、最も効果的だったと言われているアイデアはどれでしょう？

1. ごぼ天を地域限定で販売。
2. 生姜の皮剥きに皮剥きグローブを採用。
3. お子様連れの多い土日に天ぷらの種類を増やす。

正解は176ページ

はじめに

冒頭の3択クイズ、いかがでしたか？　実はこのクイズには、うどん業界ダントツ1位である丸亀製麺の強さの秘密が詰まっています。

と書いている私は何者なのか？

疑問に思っている方もいらっしゃると思います。

私は株式会社トリドールホールディングスで社長秘書兼ＩＲ担当をしています。

弊社は国内外においてさまざまな外食業態を運営している会社ですが、売上の約8割を占めているのが国内の丸亀製麺です。

そもそも、トップの粟田貫也《あわたたかや》社長は、わずか8坪の焼き鳥店から、国内外に1500店舗以上を運営する企業にまで成長させた創業者です。

私はその粟田社長の秘書を2014年から担当しています。

秘書とは言ってもたいしたことはしていませんが（笑）、粟田社長が社内外で講演等をされる際にその資料を作成したり、同行したりする機会が多いため、トップの生の声を間近で聴く機会にたくさん恵まれました。

一方、丸亀製麺を運営する会社に勤めていると社外で話すと「なぜ、いつも行列ができているの?」「1店舗に社員さんは何人いるの?」「コシがあっておいしいのはなぜ?」などと質問されることが多く、それらにお答えする度「へぇ〜、そうなんだ」「すごいですね」と驚いたり納得してくださったりする場面を何度も経験してきました。

日頃、当たり前のように思っていることが一般の方々にとっては、ものめずらしく、すごいことなんだ、と感じてきました。

また、私はトリドールホールディングス入社前から外食業界に携わっており、店舗の立ち上げからマネージャー、広報・PR、経営企画という一連の流れを経験してきました。ですから、この業界のいわゆる「常識」を熟知しているつもりです。だからこそ、丸亀製麺がいかに常識破りのすごさと強みを持っているか、痛いほどよくわかります。

というわけで、丸亀製麺の強さの秘密を紐解きお伝えすることは、皆さんのビジネスや日々の生活で何かのお役に立てるかもしれないと思い、この度、筆をとった次第です。

あとは、それをわかりやすくお伝えできているかどうか。そこはぜひ、ご自身の目でお確かめいただければ幸いです。

目次

第2章

カバーデザイン　井上新八
本文デザイン　フロッグキングスタジオ
本文図版　J-ART
編集協力　大畠利恵

序章

丸亀製麺はなぜ
ナンバー1ブランドに
なれたのか?

丸亀製麺は日本ナンバー1のうどん店

丸亀製麺には年間1億5千万人以上のお客様が訪れます。

皆さんも、どこかで一度は丸亀製麺のうどんを食べたり、あるいは純和風な毛筆字体の看板をご覧になったりしたことがあるのではないでしょうか。

日本の外食産業全体の規模は約25兆円。うどん・そば市場はマーケットの規模としては大きくて1兆円以上あります。そんな中、丸亀製麺の売上は約904億円（2018年3月期。国内のみ）。**うどん業界ではダントツの1位を独走中です。**

うどん業界は丸亀製麺とはなまるうどんの2強と言われていますが、2位のはなまるうどんは約480店舗、売上高約270億円（2018年2月期）。丸亀製麺は国内では約800店舗、海外では約200店舗にまでなりました。**丸亀製麺は売上高でも店舗数でも、うどん業界で日本一なのです。**

外食産業の市場規模は1997年の約29兆円をピークに年々減少していますが、少子高齢化が進む日本では、ますます衰退していくのは目に見えています。開業3年で約7割が倒産し、10年後も営業している飲食店は1割程度だという説もあるくらいです。

そんな中、2014年の8月以降**丸亀製麺では既存店の売上高は40カ月以上対前年比100%以上を達成しています**（オープン後18カ月経過した国内の店舗が対象）。

うどん・そばの業界は江戸時代より前からあり、激しい競争が繰り広げられてきました。丸亀製麺が本格的に参入した時点では、同じセルフ式のはなまるうどんは既に100店舗を超え、先頭を走っていました。

それでも丸亀製麺が業界ナンバー1になれたのはなぜでしょうか。

それは長らく、秘密のベールに包まれていました。

実は、うどん・そば市場は「最後の残された巨大マーケット」と呼ばれています。市場規模は大きくても、9割程度が個人経営の店によって成り立っています。ハンバーガーのマクドナルドやアパレルのユニクロのように巨大なガリバー企業が参入していないので、成功のチャンスが眠る市場なのです。

とはいえ、それまでも山田うどんや杵屋《きねや》といったうどんチェーン店が昭和の時代から展開していました。そのような老舗《しにせ》企業であっても、山田うどんは最盛期で250店舗ほど、今は163店舗（2017年現在）。杵屋も以前は260店舗を超えていましたが、現在は172店舗（2017年現在）。多いときでも300店舗ぐらいの規模で収まっているのです。

老舗のうどんチェーン店は通常のファミレスとの差別化を図るのが難しかったのかもしれません。

丸亀製麺が誕生した2000年ごろには、ファミレスは過当競争で右肩下がりになっていました。このころは深刻な不況が続き、デフレスパイラルに陥っていた時期です。牛丼チェーン店が400円台だった牛丼を200円台に値下げしたことから、熾烈《しれつ》な値下げ合戦が繰り広げられました。より低価格の店にお客様が流れたので、ファミレスは苦戦するようになったのです。

そこに起きたのが讃岐《さぬき》うどんブームです。

打ちたて、茹《ゆ》でたてのうどんを一杯100～200円で食べられることが話題になり、全国から香川県に観光客が押し寄せました。

丸亀製麺が誕生したのは、そんなブームのころ。香川県の製麺所のように打ちたて、茹でたてのうどんをセルフ式で提供するという新しさが多くの人の心をつかみ、あっという間に全国区で展開するようになりました。

この讃岐うどんブームの時期にそれに乗ってうどんチェーン店も次々とできました。

売上高も店舗数も、右肩上がり！

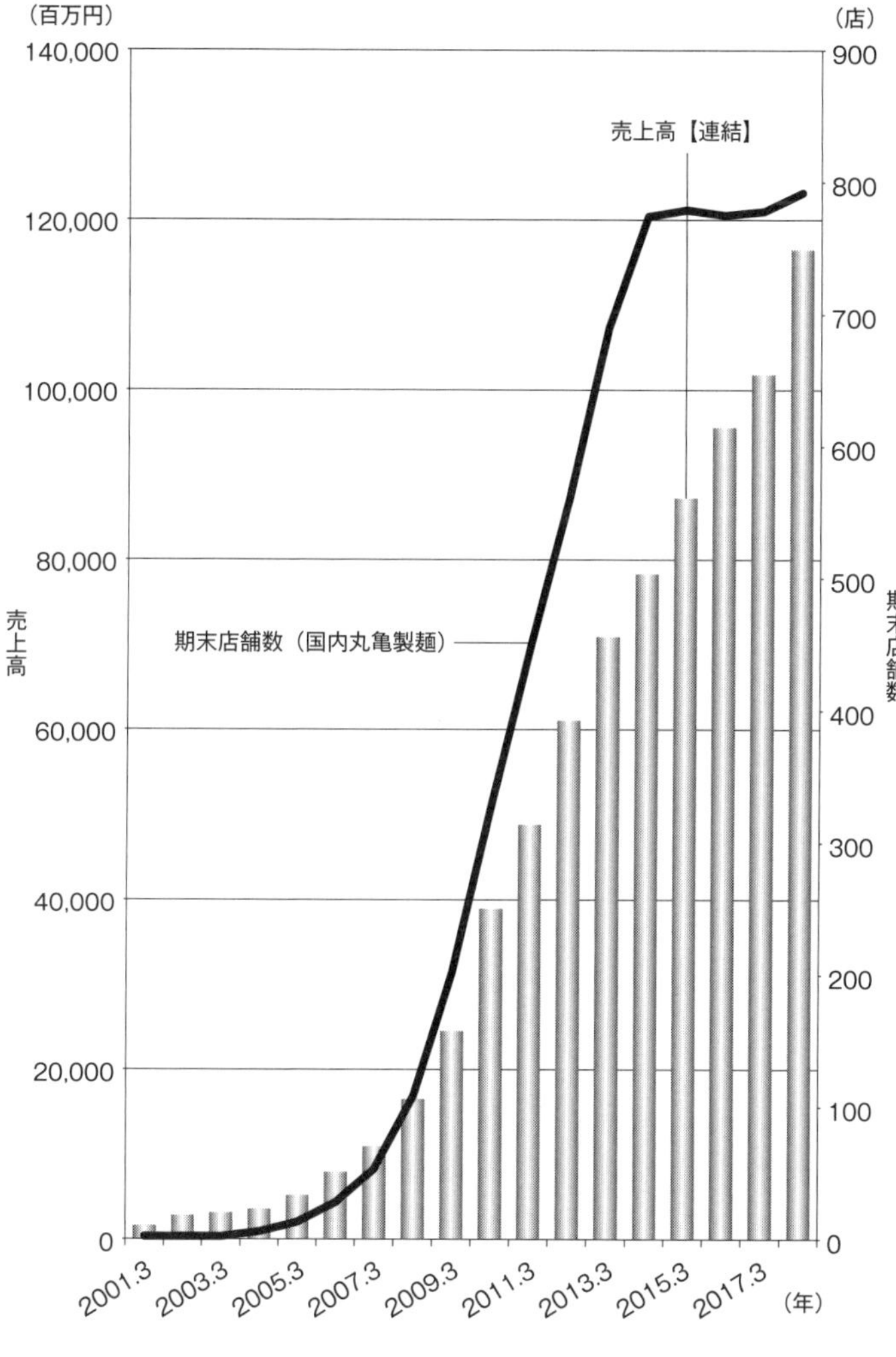

しかし、着実に店舗数を増やしていったところはごくわずかで、本場の香川県であっても常に数割の店舗が姿を消し入れ替わるといいます。それほど、**ずっと選ばれ続けるのは厳しいという見えない壁があるのです。**

そんな業界で丸亀製麺は２０００４年度末に13店舗だったのが、２００７年度末に１０８店舗、２００９年度末に３００店舗を達成してうどん業界ナンバー１になりました。今もなお国内１０００店舗を見据えて出店を継続しています。

競争しないで、気づいたらナンバー1に

トリドールホールディングスが手掛けるのは丸亀製麺だけではありません。炭火焼鳥のとりどーる、焼きそば専門店の長田本庄軒《ながたほんじょうけん》、ハワイアンパンケーキのコナズ珈琲など、国内では10以上もの業態を手掛けています。

海外では中国や台湾などアジアを中心に丸亀製麺を展開する傍《かたわ》ら、現地で人気のある事業をM&Aで買収し、アジアンスタイルのヌードルチェーン店やアメリカの日本食レストランなどを展開しています。トリドールホールディングス全体では国内外で1500店舗以上、売上高1100億円以上を誇っているのです。

業界動向サーチによる飲食業界の売上高ランキングでは、トリドールは13位(平成27—28年)。トップを占めるのはゼンショー、すかいらーく、コロワイドといった超巨大企業です。

トリドールは国内の展開に留まらず、さらには世界上場外食企業トップ10入りを目指し

て２０２５年度に世界６０００店舗、売上高５０００億円を達成するという壮大な目標を掲げています。

丸亀製麺、そしてトリドールがここまで大きくなれたのはなぜか。それは他社との競争を重視しなかったことが最も大きな理由かもしれません。

同業他社と売上競争をしていたら、好立地を巡って陣地取りを繰り広げたり、値下げ合戦に巻き込まれたりして、企業は疲弊していきます。丸亀製麺は常にお客様のニーズやウォンツが何かを考えて店舗運営に反映し、効率や競合に競《せ》り勝つことを最優先しませんでした。その結果、「気がついたら生き残り、ナンバー１になっていた」という結果を得られたのです。

競合を尻目に業界ナンバー１を目指したのではなく、気がついたらそうなっていた。つまり、丸亀製麺は競争しないで生き残ってきたのです。

徹底的なこだわりが感動を生む

皆さんは、うどんを食べて感動したことがありますか？

うどんは基本的に、小麦粉と塩と水だけでつくるシンプルな食べ物です。

シンプルだからこそ、味をごまかせません。つくりたてのうどんにしょうゆをちょっと垂らして噛みしめると、強烈な歯ごたえを感じます。そして、噛むほどにほのかな小麦の味わいが広がります。

これは讃岐うどんならではの醍醐《だいごみ》味です。

讃岐うどんは今まで４回ほどブームが起きています。

第一次ブーム：１９７０年の大阪万博があった頃、讃岐うどんの専門店ができはじめる。

第二次ブーム：１９７７年頃に脱サラや転業ブームに乗って起きる。

第三次ブーム：1987年頃からの外食産業の全盛期に起きる。加ト吉の冷凍讃岐うどんが大ヒットとなる。瀬戸大橋が開通し、四国の観光客が増えたという背景も。
第四次ブーム：2002年前後、はなまるうどんが渋谷に開店した頃に起きる。
（さぬき麺機株式会社資料参照）

うどんは西高東低と言われています。西の地方はうどん店が多く、東の地方はそば店が多くなるのだとか。これは関東の濃口しょうゆやカツオ節がメインの出汁《だし》は、うどんよりもそばにマッチするからかもしれません。私も関東で街場のうどん店を訪れ食べたときに、「これが噂の黒い出汁か……！」と思いました。

東日本に住んでいる方は、讃岐うどんを食べてうどんのおいしさに開眼した方が多いでしょう。関東のうどんブームは讃岐うどんから始まったと思います。

あまり知られていませんが、本場の讃岐うどんの多くの店ではオーストラリア産の小麦粉を使っています。

実は、讃岐うどんがおいしいと言われるようになったのは、オーストラリア産の小麦粉を使うようになってから。讃岐うどん独特の強い弾力のある歯ごたえは、オーストラリア産の小麦粉によって生まれているというのは意外かもしれません。昭和40年代前半から使い始めていたので、50年ぐらい前から地粉ではなくなっていたのです。

一方、**丸亀製麺は「きたほなみ」という北海道産の小麦粉のみを使っています。**

この品種は国産でありながら、オーストラリア産の小麦に匹敵する新品種だと言われています。小麦の香りと甘みも強く、麺にピッタリなのです。

いろいろな小麦粉を試してきましたが、今は「きたほなみ」だけを使い、こだわりの挽き方でオリジナルの小麦粉を生産しています。

さらに、出汁は讃岐うどんの特徴であるうまみがあり、透明感のある出汁を再現するために、すべて天然の素材で作っています。真昆布《まこんぶ》にさば節《ぶし》、ウルメイワシなどの魚の削り節とアゴ（トビウオ）、さらに手間暇をかけて仕上げる手火山《てびやま》式の本枯節《ほんかれぶし》のカツオ節を加えて、一時間じっくりと煮ているのです。

実は、私自身も丸亀製麺の味に惚れ込んだファンの一人です。

私は、トリドールに入る前も外食業界で働いていましたが、とくにうどんが好きというわけではありませんでした。転職先を探して丸亀製麺に足を運んだときも、「いくらおいしいといっても、所詮《しょせん》うどんだろう」と心のどこかで思っていました。

ところが、一口食べてみて、「なんだ、これは！」と驚いたのです。

コシが強くて、ツルツル、しこしことという表現がピッタリな麺の歯ごたえ。カツオの香りがふわっと漂い、昆布のうまみが豊かな出汁。それが一杯280円（当時）！

なんてすごい会社なんだと感動し、入社を決めました。

その当時も丸亀製麺の急成長ぶりは有名で、関西の企業の中ではキラキラ輝いている憧れの存在でした。その勢いは入社してからも止まらず、一時期は年に100店以上出店し、海外にも次々と進出してその名を世に知らしめていったのです。

創業期の失敗から学んだ3つの条件

丸亀製麺の正式名称は、「讃岐釜揚げうどん　丸亀製麺」です。その名前を聞くと「香川の麺職人が立ち上げた店なんだな」と思うかもしれません。

そんな皆さんの想像に反するかもしれませんが、社長の粟田貴也《あわたたかや》は元々麺職人ではなく、兵庫県で焼き鳥店を創業した人なのです。

粟田社長は学生時代に飲食店をやろうと決め、大学を中退して起業資金を稼ぎ、1985年に兵庫県加古川《かこがわ》市に焼き鳥店「トリドール三番館」を開店しました。1号店なのに三番館なのは、「3店舗まで開きたい」というささやかな願いを込めたから。当時は、奥さんと二人三脚で店を切り盛りしていたといいます。

焼き鳥店を開業したとき、24歳のやる気に逸《はや》る粟田社長を待ち構えていたのは、厳しい現実でした。当初は焼き鳥ならぬ、閑古鳥《かんこどり》が鳴く状態だったのです。

原因は、老舗の焼き鳥屋がすぐ近くにあったことです。限られた資金での開業だったので、立地条件は二の次だったのかもしれません。

夕方5時に店を開けても、12時の閉店時間まで誰も来ない。そんな状況がずっと続きました。そこで、ある日明け方まで深夜営業をしてみると、ポツポツとお客様が来ることに気づきました。ほかの店をハシゴしてきたお客様が利用するようになったのです。

それからは、深夜営業の店として何とか続けていましたが、苦しい経営状況なのは変わりませんでした。転機が訪れたのは、80年代のチューハイブームが起きたときです。その当時は若い女性が気軽に入れるような居酒屋が少なかったので、店をおしゃれな洋風の焼き鳥居酒屋に改装したのです。

この試みは大当たりして、店は連日若い女性客で満席。その勢いに乗って、2店舗目、3店舗目と店を増やし、あっという間に8店舗になりました。当時の様子は、「飛ぶ鳥を焼く勢いだった」と今でも社内では語り継がれています。

ところが、その成功を目にした人がすぐにマネをしはじめ、若い女性向けの居酒屋が次々と開店し、トリドールは瞬く間に失速していったのです。

このとき、粟田社長は**「奇をてらったことをするとマネされる」**と悟り、商売の王道路線を進む重要さを痛感したといいます。

とくに地方でメインとなるお客様は、子供連れの家族やお年寄りなどのファミリー層。

その地域で一番愛される店になるには、流行に敏感な若い女性に的を絞るのではなく、幅広い層に満足してもらえる店にしなければならないのです。

悩みに悩んだ粟田社長がたどり着いたのは、

・**大衆性**
・**普遍性**
・**小商圏対応**

の3つが重要だという結論でした。要するに、「地元密着型で、幅広い年齢層のお客様が日常的に足を運び食事を楽しめるお店」が長く生き残るということです。そして、ファミリー向けの和風焼き鳥ダイニングに変えると、再び活気を取り戻しました。

おそらく、多くの人は「この3要素だと特徴がなく、差別化を図れないのでは？」と感じるでしょう。今までにない斬新で目新しいものがヒットする条件のように思いがちです。

確かに、短期的なヒットを狙うのなら、斬新なものでブームを狙ったほうがいいでしょう。しかし、ブームはすぐに終わります。天むすや肉巻おむすび、ナタデココやベルギーワッフルなど、当時はものすごい勢いで売れていましたが、今では一部のお店でしか見かけなくなりました。

単発的なアイデア勝負でいくのも、ビジネスの一つの手法です。けれども、資金や人手が限られていて、景気がそれほどよくはない状況でクリーンヒットばかりを狙い続けるのには限界があります。

大衆性、普遍性、小商圏対応といった王道の中で、差別化を図る道筋を見つけるのが、長く売れ続ける秘訣なのです。

大ピンチを救った丸亀製麺

焼き鳥屋をファミリー向けにシフトチェンジしたころ、粟田社長は次の一手を考えていました。このとき目をつけたのが讃岐うどん。焼き鳥とはまったく別ジャンルです。

粟田社長の父親が香川県の出身で、子供のころに実家に遊びに行って食べた製麺所の味が忘れられず、「この味や風情感を表現できたら」と考えていました。

香川県を訪れたことがある方はご存知だと思いますが、うどんを食べられる製麺所は客席がなかったり、あっても数がわずかの小さい店だったりします。家族で経営しているようなアットホームな雰囲気で、お客様が自分でネギを庭から取ってきたりしています。

値段は一杯100～200円と格安。お客様が自分で天ぷらをお皿に取り、出汁をかけるセルフ式です。気取らずに、気軽に立ち寄って食べられる店の雰囲気にも和《なご》みますが、何より打ちたて、茹でたての麺のおいしさは一度味わったら病み付きになります。

その讃岐うどんの製麺所の感動を再現しようと、粟田社長は思い立ったのです。

そこで、2000年11月に丸亀製麺加古川店を開店しました。

とはいえ、実験的に立ち上げたので、経営の中心は焼き鳥店でした。さらなる事業拡大のために資金調達をしようという話に発展していました。

ところが、マザーズ市場への株式上場に向けて準備をしていた2004年。鳥インフルエンザが日本に上陸しました。鳥インフルエンザが見つかった農家では大量の鶏を処分しているニュースがテレビで流され、「鶏は安全ではない」と思われるようになったのです。

当然、トリドールも大打撃を受け、株式上場をいったん白紙に戻すしかなくなりました。そんな大ピンチを救ったのが、丸亀製麺でした。

トリドールとしては丸亀製麺に軸足を移し、出店ペースを早めていったのです。

そこからの快進撃は、すでに述べてきた通りです。

もちろん、すべてが順調にいったわけではありません。さまざまな問題や困難を乗り越え、丸亀製麺独自のノウハウをつくりあげていきました。しかし、それらが成功したのは、あくまでも勝ち負けや効率よりも大切なものがあるという経営理念があったからです。

第1章

丸亀製麺はなぜセントラルキッチンをつくらないのか

―― 非効率のススメ

非効率を極めることが勝因になる

効率化する、効率をよくする、効率を高める。

何かの組織改革をするとき、もっともよく使われる言葉かもしれません。ビジネスでも、勉強でも、ダイエットでも、効率よくするのが最善策だと思われています。

「効率をよくしろ」と言われれば誰も反論できなくなる、魔法の言葉です。

しかし、ビジネスにおいて使われる効率という言葉は、誰にとって使われ、何のためのものでしょうか。

たいていは会社のため。社内の人間に向かって、会社の利益を優先するために使われます。決して、顧客の満足や感動のためではないのです。

丸亀製麺の店内に足を踏み入れると、入り口には小麦粉の入った袋が山積みになっています。

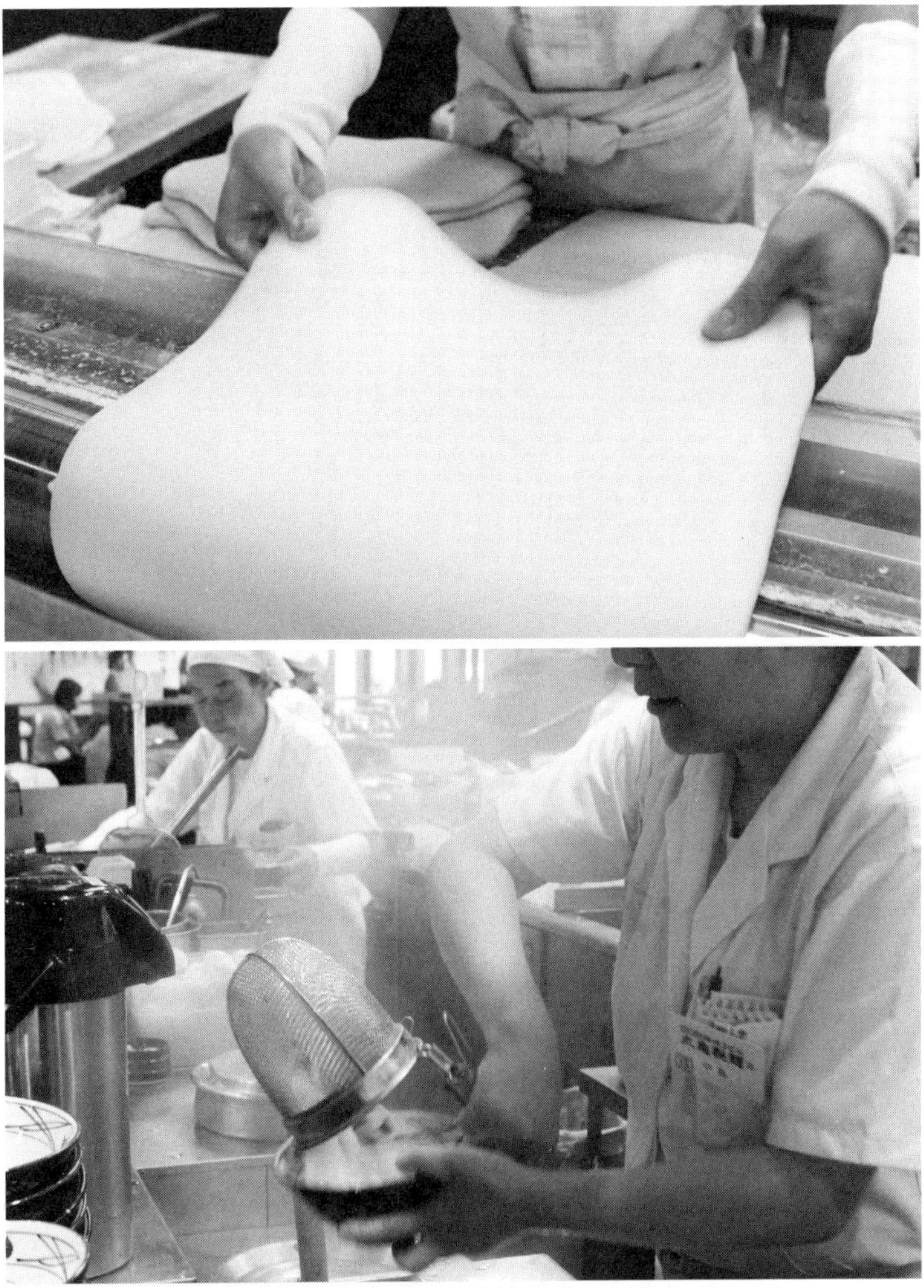

店内は熱気と湯気と「非効率」に満ちている

店内には、「いらっしゃいませ」と元気のいい掛け声が飛び交い、若者から年配まで、幅広い年齢層のパートナーさん（丸亀製麺でアルバイト・パート従業員を呼ぶ際の名称）が忙しそうに働いています。

オープンキッチンでまず目に付くのは、見慣れない大きな機械。これは製麺機というもので、小麦粉と塩と水を混ぜうどん生地をつくり、前日にこねて寝かしてあった生地を延ばすために使います。ランチ時は次々に注文が入るので、製麺機もフル稼働です。

そのつくりたてのうどんを、うどん担当のパートナーさんが小分けにして茹でています。20分茹でであげたうどんは、水で締めて、かけうどんやぶっかけなどの出汁で食べるうどん用に。看板にもなっている釜揚げうどんは、茹であがる5分前にお湯からあげて、釜揚げ用の桶《おけ》に移します。この時間配分なら、会計を済ませて席に着いて食べ始める頃には、ちょうどよい食べごろになるのです。

うどんの横には天ぷらとおむすびのコーナー。天ぷら担当のパートナーさんは、売れ行きを見ながら汗をかきつつ天ぷらを揚げ、おむすび担当のパートナーさんも炊きたてのご飯でせっせと握っていきます。

その隣は会計コーナー。ネギや生姜《しょうが》などの薬味は、好きなだけ取ってください。ちなみに、生姜は毎日スタッフがすりおろしています。私もトリドールに入社してすぐに研修で店舗に配属され、まず担当したのは生姜のすりおろしです。毎日毎日生姜の夢を見るぐらいにすりおろしていました。

わざわざおろさなくても、業務用のおろした生姜を使ったほうがコストも時間もかかりません。生姜は薬味に過ぎないので、それぐらいは許されると思われるかもしれません。

しかし、キリッとした辛みや、ほんのりと広がる柑橘系の香りは、おろしたてのナマ生姜に限ります。ぶっかけうどんのようなシンプルな麺と合わせると生姜の風味が麺を際立たせるので、大切な脇役です。「丸亀製麺はおいしい」と感動してもらうために絶対必要な手間なのです。

それ以外のスタッフも、食べ終わった器を食洗機にかけたり、レジを打ったり、休む間もなく立ち回っています。

出汁は1日に6回、お客様が多い店はそれ以上に出汁をとっています。出汁はコーヒーや紅茶と同じで、すぐに風味や香りが飛んでしまうので、大量につくりおきできません。

これが、丸亀製麺の店内の様子です。にぎやかで、湯気と熱気が立ち込めているような讃岐のうどん製麺所を再現したら、こうなりました。

入り口に積み重ねた小麦粉の袋も、手づくり感を演出しているアイテムの一つ。製麺機を奥にひっこめず、店の入り口に置いているのも、手づくりのライブ感を出すための演出です。

丸亀製麺は他のうどんチェーン店に比べるとキッチンのスペースが広く、スタッフの人数も多いのです。チェーン店なら、客席数を増やしてスタッフは少なめに抑えるのが、効率よく利益を上げる鉄則です。丸亀製麺は、この鉄則とは真逆の方法を選びました。

効率よく利益を上げるなら、うどんも出汁も、天ぷらやおむすびや薬味もセントラルキッチンでまとめてつくり、店ではそれらを簡単に調理する程度にするのが一番です。これなら少人数のスタッフで運営できますし、人件費を抑えられます。しかも、製麺機は高額なので、初期費用もかかってしまいます。

生のうどんを茹でるところからしていたら、水道・光熱費もかさみますし、細かいことを言うなら、店内には粉が舞うので掃除も大変です。

丸亀製麺がしていることは効率的ではありません。経営コンサルタントが店内を見たら、即ダメ出しされるでしょう。

したがって、丸亀製麺を出店したばかりの頃は、この方式が理解されないばかりか、**「そんな効率の悪い店が成功するわけがない」**と散々批判されたと言います。

それでも、粟田社長は**「客席を減らしてでも、製麺機は置く」**と貫いてきました。

行きすぎた効率化はマイナスをもたらす

批判されても非効率を貫いたのは、製麺機を置き天ぷらもその場で揚げてご提供する。これこそが丸亀製麺らしさだからです。

セントラルキッチンでつくった麺を店内で茹でる程度では、出来たてのうどんの風味を味わえませんし、うどん専門店でなくても食べられます。

そこに人がいる、その人は今、自分のうどんをつくってくれている。この臨場感がおいしさを高めているのだと、粟田社長はよく語っています。つまり、人のぬくもりを感じるような店をつくるという信念を貫けたからこそ、丸亀製麺はナンバー1になれたのです。

バブル崩壊以降、日本の多くの企業は効率や低コストを重視してきました。徹底的にムダを削り、人の代わりに機械を入れて、最小限のコストで利益を上げる。確かに、短期的には利益を出しやすい方法です。

しかし、**行きすぎた効率化は人間味をなくします。**

効率化を図るとみんな同じ店になりがちです。飲食店に限らず、スーパーやコンビニなども差別化を図るのが難しいのは、同じような商品を同じようなシステムで売っているからだと考えられます。

「料理屋と屛風は広げすぎると倒れる」という、吉兆の創業者の湯木貞一《ゆきていいち》氏が残した言葉があります。

小さな店でも人気が出ると店を大きくし、さらに支店を増やしデパートに出店するうちに個性がなくなり、味が落ちてお客様は離れてしまいます。何とか挽回しようとコストダウンを図って効率化したり、値引きやメニューを減らしたりなどの対策を取ります。そうするとさらに味が落ち、店に活気がなくなってお客様はますます離れてしまうのです。他の小さな店が話題を集めて台頭し、廃業に追い込まれるというケースもあるようです。

最近、予約してから数カ月待ち、数年待ちのスイーツやフライパン、オーダーメイドの靴屋などがクローズアップされています。一度に少量しかつくらないので、決して効率的なビジネスとはいえません。それでも消費者から支持されるのは、手間暇をかけたほうが希少価値を生み、魅力を感じるからでしょう。

常にお客様の感動を追求すれば、非効率でも支持されるのです。丸亀製麺がこれらを実現できたのは目先の利益を追わず、他社との競争に明け暮れなかったからです。

中高年スタッフが輝ける職場

丸亀製麺は、一般的なチェーンの飲食店とはスタッフの雰囲気が違うとよく言われます。

それもそのはず。オープンキッチンで働くのは、つい「おっちゃん」「おばちゃん」と呼びたくなるような中高年の親しみやすいパートナーさんです。

どの飲食店もパート、アルバイトが多いという点では同じですが、丸亀製麺では40代以上の方がたくさん活躍されていて、しかも圧倒的に女性が多いという点が特徴です。

本場の讃岐の製麺所でも、おっちゃん、おばちゃんと親しまれている人が店を切り盛りしている光景を目にします。そのアットホームな雰囲気が、気軽にフラリと立ち寄れるような讃岐の製麺所の空気をつくっているのです。

とくにうどんや天ぷらは料理経験の豊富な人がつくったほうが、おいしくできます。そもそも、目じりにしわがあり白髪交じりのいぶし銀の男性がうどんをつくっている姿を見ると、それだけでおいしそうだと感じませんか？
割烹着《かっぽうぎ》の似合う中高年のパートナーさんだからこそ、おいしさやぬくもりを感じるという効果があるのです。ですから、**丸亀製麺は開業したころから意識して中高年のパートナーさんを採用してきました。**

通常、チェーン店は本社の社員が店長になり、現場のスタッフを差配するという構成になっています。丸亀製麺も、社員が現場で一から経験を積んで店長まで務めるというケースもありますが、社員店長を置いていないお店も結構あります。20代・30代の、いつ異動するかわからない若手社員がお店を守るより、その地域で生活しているパートナーさんに任せたほうがいいだろう、という考えなのです。実際、社員店長がいなくても店はキチンと運営されています。

熟練のパートナーさんは、「来週あの学校の運動会があるからお客さん増えるよ」とか、「お祭りあるから、たぶん今日は暇やで」など、地域情報を熟知して、それに合わせて動いてくれます。

最近は、AI（人工知能）を使って売上予測を立てるサービスの開発が進んでいます。前年度の売上や、天気や曜日のデータを入力し、そこから今日の売上を予測して商品のロスが出ないようにする。確かに、それは確度の高い予測ができるし、効率的かもしれません。

しかし、ＡＩには人を感動させることはできません。

したがって、これからも丸亀製麺ではＡＩが出すデータより、おっちゃん・おばちゃんの経験や勘を重視していきます。


また、中高年の方のほうが、仕事に誇りを持つ傾向が高いように感じています。

中高年のパートナーさんは、それまでにさまざまな人生経験をされています。そういう方は**ビジネスマナーを一から教える必要はなく、自分が求められている役割を瞬時に理解するので、とても頼りになる存在なのです。**

私自身も、店に配属されたときに熟練のパートナーさんに調理を指導していただきました。おばさんに天ぷらの揚げ方やおむすびの握り方を教えてもらい、おじさんには製麺のやり方を教えてもらったのです。

「見てみ、この麺。光ってるやろ」と誇らしげに言うおじさんは、まさに職人。

「私が握るおむすびだからおいしいの」「俺がつくるうどんやから、特別にうまいんや」といった言葉を聞くたびに、この仕事を愛し誇りを持っているのだな、と感じました。

とくにコミュニケーション力が非常に高いおばさんたちは、お客様に「天ぷら、揚げたて取っていってよ！」とどんどん声をかけています。常連のお客様が体調を崩してかけうどんしか頼まないことに気づき、「どうしたの？」と心配するパートナーさんもいます。そのパートナーさんはお客様が他のメニューを食べられるようになったことにもいち早く気づき、「元気になったの？　よかったね」と声をかけていました。

若い人が、見ず知らずの相手とそこまでのコミュニケーションをとるのはとても難しいでしょう。お客様も相手がおばさんだから、「ちょっと胃の調子が悪くて」と、ざっくばらんに話せるのではないでしょうか。

効率化を考えるのなら、券売機で券を買うシステムを導入するほうが、コスト的にも時間的にも断然メリットがあります。それでも、丸亀製麺では人がレジを打つというスタイルを変えるつもりはありません。目の前のお客様の様子から体調を気遣うようなことはAIにはできないでしょう。

人とのちょっとしたやりとりからあたたかみは生まれるものなのです。何もかも自動化、機械化されている現代だからこそ、パートナーさんとの何気ないやりとりがお客様の心に響くのではないでしょうか。

マニュアルでガチガチに縛らない

多くのチェーン店同様、丸亀製麺にもマニュアルはあります。

とはいえ、他のチェーン店の方が見たら、おそらく「この程度でいいの？」と拍子抜けするぐらい、基本的なマニュアルしかありません。身だしなみや挨拶の仕方などが載っていますが、ごく当たり前のことしか定めていません。

研修の際に接客の仕方なども指導されますが、キッチンでの作業が多くて覚えることが多いので、マニュアルを叩きこむという感じではないのです。

結局のところ、**マニュアルで細かく定めすぎると、「覚えた通りにすればいい」という意識になってしまいます。**

丁寧に接客をしているけれども、マニュアルに従ってやっているのだろうな、と感じるお店があるでしょう。「いらっしゃいませ」と言ってから、45度頭を下げる。数分しか待たせていないのに、「大変お待たせいたしました」と頭を下げる。丁寧な対応のほうがお客様も好感を持つのは間違いありませんが、心がこもっていないと感動は生まれないのではないでしょうか。

丸亀製麺としては、**マニュアルでガチガチに縛るより、目の前のお客様を見て臨機応変に対応してほしい、**と考えています。

たとえば、車椅子でお越しになられたお客様には、率先してドアを開ける。お客様の代わりにお盆を持って席まで運ぶ。それはマニュアルというよりヒューマニズムの話なので、「決められているからする」ということではありません。

お客様がお盆に汁をこぼしてしまったら、この状態のまま食事を続けるのは不快だろうなと感じ、「お盆を取り換えましょうか?」とすかさず声をかける。そういう小さな気配りが、心に響くと思うのです。

「大好きな彼女に喜んでもらう」という視点で物事を考えよ、という教えを本で読んだことがあります。丸亀製麺で目指しているのはまさにそういうことだな、と感じました。

大事な人が自分の店の予約を取ってくれたときに、どこの席に案内するか、どんなサービスをするか。大事な人にどのように喜んでもらうかを考えると、それはすべてのお客様が喜んでくれることになるのです。

世界を旅してみると、日本人は公共の場でのマナーや礼儀がきちんとしていますし、サービス精神はピカ一だと感じます。生まれつき、おもてなしのＤＮＡが根付いているのかもしれません。

したがって、マニュアルでガチガチに縛らなくても、現場は自分たちの判断で接客するでしょう。現場の人を信用していればマニュアルで細かく管理する必要もないのです。

個人の判断に任せると店ごとの統一が取れなくなりますし、よく気のつく人もいれば、そうでない人もいるので、個人の力量の差も出てしまいます。現場でスタッフを指導する立場としては、細かくマニュアルで定めたほうが、サービスを一定レベルで提供できるので楽でしょう。教えるのも短時間で済みます。

しかし、それだとスタッフはいつまで経《た》っても自分の頭で考えて行動できるようにはなりません。人は創意工夫することに喜びを感じるので、モチベーションややりがいも感じないでしょう。**自分で考えないと「マニュアルに書いてないことはしない」という状況にもなるので、結果的に店や会社の質を落としてしまうのです。**

ガチガチでないマニュアルで人を育てるのは時間がかかります。それでも、自由度が高いと人の伸びしろは広がると思います（人材育成については第４章でさらに詳しく説明します）。

人が集まるお店には共通点がある

オープンキッチンはなぜか人を魅了します。

たこ焼き、焼きそば、ラーメンや焼き鳥、スタンド割烹など、職人や料理人が手際よく作るのに見とれてしまい、つい箸が止まってしまうこともあるでしょう。

以前、家族と奈良の宝山寺《ほうざんじ》に初詣に行ったとき、参道に屋台が建ち並んでいました。たこ焼き屋さんが5軒ぐらいあったのですが、その中で一軒だけ行列ができていました。

値段もたこ焼きの大きさも、他の店とさほど変わりません。

私も並びながら「どうして、ここだけ並んでいるんだろう？」と観察していると、その店は出来たてを出していることに気づきました。他店は、ある程度作り置きして、ライトを当てて温度を保っていました。待たずにすぐに買えますが、やはり口の中がやけどしそうになりながらハフハフ食べる、作りたてのおいしさには敵《かな》わないのです。

さらに、その店のおじさんは元気がよくて、大きな声で「いま焼いてるからちょっと待ってや～」と呼びかけます。待っているお客様に、「生地の中に何と何と何が入ってるんやけど、後一個は言われへんねん。企業秘密やねん」「毎年ここに出させてもらってるんで、また来年も来てよ。待ってるで」などと、話しかけています。

この距離感が心地いいのだなと感じました。そういう場所に人は自然と引き寄せられるのだと思います。

丸亀製麺は、１号店からオープンキッチンでライブ感をつくりだしています。

丸亀製麺は開業して間もないころから、ショッピングモールのフードコートへの出店を積極的に進めていました。フードコートは安くておいしいお店が集まる激戦区。ハンバーガーショップやラーメン屋、どんぶり屋など、強豪店ばかりがずらりと並んでいます。そんな中で、丸亀製麺はどこでも行列ができました。

粟田社長はフードコートを見て、「ここに製麺機を持ち込んでつくりたてのうどんを茹でている様子を見てもらえば、お客様が集まるに違いない」と読んだといいます。

丸亀製麺に行列ができたのは、その場で麺を延ばしたり、切ったりしている様子が見られるからでしょう。立ち食いそばやうどんのように、茹で麺をお湯にくぐらせて、出来あいの汁をかけるだけではおいしそうに感じないのです。

他店では、できあがりに時間がかかるメニューは番号札やアラームを渡されて、呼ばれるので行列はあまりできません。そんな中で、丸亀製麺は番号札を渡さずにその場で注文された料理をお渡しするようにしているので、自然と行列ができます。

確かに、番号札を渡せばお客様は待たずに済むかもしれませんが、料理や商品をただ受け渡すだけでは、無味乾燥になる可能性があります。

もし待っている間も楽しめたら、何倍も食事を楽しめるのではないでしょうか。

丸亀製麺は、うどんを注文したら、天ぷらやおむすびは自分で選ぶシステムになっているので、うどんができあがるまでに時間がかかってもそれほど気になりません。

さらに、目の前でうどんの生地を切ったり、茹でたりする様子を見ていたら、「へえー、あんなふうに麺はできるんだ!」と子供はもちろん、大人も退屈しないでしょう。

オープンキッチンは、粟田社長が焼き鳥屋をやっていたころから、ずっと貫いてきたスタイルのひとつです。

たまたま店の構造の関係上、焼き場を入り口近くに設置していたところ、焼き鳥が飛ぶように売れたのだそうです。料理は味覚だけではなく、視覚や聴覚、嗅覚など、まさに五感を使って味わうものだということでしょう。

トリドールの他の業態のレストランでも、オープンキッチンは基本です。

「天ぷら定食　まきの」は、入り口を全面ガラス張りにしているので、道を歩いている人が店内で天ぷらを揚げている様子を見られるようになっています。オープンキッチンをさらにオープンにしているような感じです。

そして、店に入ってカウンターに座ると、スタッフが目の前で一品ずつ天ぷらを揚げてトレイに載せてくれます。まるで高級天ぷら店のようなサービスを提供しているのです。まきのは関西地方で少しずつ店舗を増やしている状況ですが、どこの店も行列ができています。やはり、**手仕事が見えライブ感を味わえる店に人は集まるのです。**

また、つくっているパートナーさんにとっても、お客様に見られていると思ったら手を抜けません。緊張感や張り合いが生まれますし、「おいしい」と喜んでいるお客様の表情も間近で見られるのでやりがいを感じられます。

工場見学の人気が高いのも、つくっている舞台裏が見られるからでしょう。普段飲んでいるビールやよく食べているシュウマイができあがっていく様子を見るのは、やはりワクワクするものです。

舞台裏を見せるというのは、人を惹きつける最良の方法なのです。

全国のお店の味をチェックしているのはたった一人

丸亀製麺には「麺匠《めんしょう》」と呼ばれる社員が一人だけいます。藤本智美（男性）さんです。麺匠とは、全国の店舗を巡回しうどんのつくり方を伝授する達人のことで、その仕事はうどん以外のメニューの指導や、パートナーさんたちの接客やマナー的な指導にも及びます。（巻頭の3択クイズ第2問の正解は1です）

麺匠という呼び名は、「カンブリア宮殿」（テレビ東京）に藤本さんが出演する際、人事部の次長という肩書では何をしている人なのかわかりづらいので、広報担当とともに「麺匠」という肩書を考えて、名刺を作ったのがはじまりです。

丸亀製麺の1号店の製麺担当者が初代の麺匠で、その後を継いだのが藤本さんです。今でも、初代の麺匠の腕組みをした写真を飾っている店もあります。

丸亀製麺の味を決めたのは、初代の麺匠と粟田社長です。

いろいろな小麦粉を使って配合を変えたりしながら試作を繰り返し、粟田社長が「これやねん、このモチモチ感やねん！」と言った麺を基準に「丸亀製麺のうどん」が決まりました。

初代の麺匠は本場の讃岐でもしばらく修行をしていろいろ教えてもらったそうですが、その店の味を引き継いでいるわけではありません。

香川県には約900軒のうどん屋があると言われていますが、一軒一軒、味も特徴も違います。丸亀製麺は本場の香川県にある一軒の讃岐うどん屋のつもりで営業しています。とはいえ、本場で有名な讃岐うどん屋で食べたことがある方は、「本場の味と違う」と感じるかもしれません。有名店の味を目指しているわけではないので、今のうどんが丸亀製麺らしい「讃岐うどん」なのです。

藤本さんは、元々食品メーカーが運営する飲食店で支配人をしていました。粟田社長とはその当時から面識があり、その縁でトリドールに入社したそうです。

丸亀製麺の4号店ができたころに転職し、最初は天ぷらの揚げ方の指導などをしていました。やがて、すべての店でメニュー全般を指導するようになったのです。

春から夏、夏から秋、秋から冬といった季節の変わり目は温度が変わって味がぶれやすいので、麺匠は全国の店に足を運んで、メニューの味や品質のチェックをします。

店には抜き打ちで訪れ、うどんや天ぷら、おむすびなどを食べて確認します。

その様子は、まさに麺の匠《たくみ》。

食べる前に、器に盛られたうどんを見ただけで「麺にばらつきがある」「洗いが弱い」と見抜きます。生のうどんは一本一本がくっつかないように打粉《うちこ》を振ってあるので、一度茹でてから流水で洗ってぬめりを取ります。その洗い方が不十分だと粉っぽくなってしまうのですが、麺匠の域に達すると見ただけで判断できるようなのです。

麺はズズッとすするときに箸で麺を引っ張りながら食べています。これは、コシの強さを確認するため。箸で引っ張ったときに切れてしまったり、弾力がなかったりすると、丸亀製麺のおいしい麺だとはいえません。

麺は何度も何度も噛むことで、粘りが出てモチモチしてくるのだとか。

大体、一杯につき20本ぐらいの麺が入りますが、そのうちの1本だけ出来の悪い麺があっても、麺匠は見逃しません。おいしい麺は表面がツルツルして光っていますが、茹でる前に乾燥してしまった麺は表面がざらついています。その1本を見つけて、「19本はツルツルした麺でも、1本だけざらついていたら、おいしいうどんとは言えない」とパートナーさんたちにアドバイスするのです。

もちろん、出汁の味や温度などもチェックします。やはり人が実際に食べて確認しないと、味が変わったときに気づかないものなのです。

この麺匠の仕事は年間に４００軒、多いときは一日に10軒ぐらいの店を回ることもあります。

藤本さんは味覚を鈍らせないため、禁煙はいうまでもなく、家で食べるものも薄味にして味覚を敏感にしておくそうです。さらに、お店に行く前に舌を水やお茶で洗って、味がわかるようにしているのだとか。試食が続くときは、アイスクリームなどの甘いものを食べて感覚を戻すなど、努力の限りを尽くして丸亀製麺の味を保っているのです。

麺匠の仕事は、丸亀製麺の非効率の最たる例だといえます。

効率を考えるなら、麺匠をもっと増やして、各エリアに一人いるぐらいにしたほうが、効率よく店舗での指導をできます。

しかし、人の味覚はどうしても違います。麺匠は、丸亀製麺にとっての「正解の味覚」を持っています。もし5人麺匠がいたら、それぞれの「正解の味覚」は異なるでしょう。「俺はもっとコシが強いほうが好きだ」「私はもっとカツオのきいた出汁が好き」と、自分なりの味覚に正解の味を寄せてしまうと、丸亀製麺の味はバラバラになります。

したがって、**どんなに非効率でも麺匠は一人だけ。それが味を守るということなのです。**

最近では、新たに「麺職人制度」という制度が設けられました。麺職人とは、厳しい試験をパスした製麺担当者にのみ与えられる称号です。彼らは藤本さんのように全国の店舗を巡回し指導をするということはありませんが、勤務する店舗のうどんの味と品質を守る担い手として重要な役割を果たしています。

麺匠は一人ですが、これから麺職人のいる店舗を増やすことでさらにクオリティの向上を目指していきたいと考えています（152ページで改めて説明します）。

さて話を戻して、ここで、**藤本さんがお店でチェックしている項目を、今回初めて公開します。** 皆さんも丸亀製麺に足を運んで、ぜひ確かめてみてください。

麺‥

・エッジは効いているか（麺は断面が真四角ではなく、四方がくびれていると弾力が出て、出汁と絡みやすくなります。これを丸亀製麺では「エッジが効いている」と表現しています）

・麺の太さはそろっているか

・麺は乾燥する前に茹でているか

・太さの基準が守られているか
・太さに差が出た場合、太さに応じた温度のお湯で茹でているか
・ツルツル・モチモチの弾力のある麺になっているか

出汁：
・出汁が濁っていないか
・出汁が出ているか、香りはするか
・カツオ節が生きているか
・うどんになったときの麺と出汁のバランスはちょうどいいか
・出汁の温度は的確か

おむすび：
・ご飯の炊き上がり方はちょうどいいか
・硬すぎず、やわらかすぎず、ふわっとした食感になるよう握れているか

天ぷら：
・具材の切り方は適正か
・具材の水分は抜けているか
・天ぷらの形状はキチンとしているか
・衣がサクサクしているか

ど真ん中を射抜くから感動が生まれる

トリドールのように飲食店を多店舗展開している企業では、フランチャイズ方式を採用するのが一般的です。

利益性を重視するなら、その方法が効率的でしょう。本部の負担やリスクも少なくなります。

フランチャイズ方式の場合、店のオーナーを募《つの》って、出店の費用を出してもらい、開店してからはロイヤリティをもらいます。開店前に本部が調理や接客の仕方などをレクチャーし、材料はすべてセントラルキッチンから供給。開店してからは本部の社員がたまに店に顔を出す程度で、本部とのコミュニケーションはそれほど多くありません。

これだと、血のかよったお店を育てられません。

料理の味が変わっていても、店員の接客態度が悪くて店の評判を落としていても、本部は気づかないでしょう。店の売上が悪くても、店のオーナーの負担が大きくなるだけなので、本部はそれほどダメージを受けません。これだと単に店を増やすのが目的になってしまいます。

丸亀製麺は、開業してからずっと直営店方式をとってきました。

丸亀製麺以外のブランドも同じです。海外においては現地の会社とフランチャイズ契約を締結する場合もありますが、国内の店はすべて直営を貫いています。

それはやはり、フランチャイズだと目がいき届かない部分が出てくるからです。

たとえば、丸亀製麺では時間が経ったうどんやおむすび、天ぷらは廃棄しています。もちろん、ロスが少ないようにお客様の入りの状況を見ながら管理していますが、どうしても一定量の廃棄物は出てしまいます。

もし仮に、フランチャイズが売上ばかりを重視すると、どうなるでしょうか。時間が経って伸びきったうどんを出すかもしれませんし、冷めきった天ぷらや乾燥してご飯粒が固くなったおむすびをそのまま置いているかもしれません。フランチャイズだと、そういうことを本部で完全に把握するのは難しいのです。

その結果、「丸亀製麺はおいしくなくなった」とお客様に思われたら、大損失です。他の丸亀製麺のお店にまで影響が及ぶかもしれません。

もちろんフランチャイズ方式で展開し成功している企業はたくさんありますし、しっかりと理念を理解したうえで運営をしてくださる契約先もあると思います。しかし、丸亀製麺は「手づくり・出来たて」にこだわるがゆえに思いや理念、技術などを人から人へと伝承できる直営方式がベストだと考えています。

効率的にお店を増やすことはできなくても、一店舗ずつ丁寧に育てていく方法を選んでいるのです。

前項で麺匠が定期的に店を訪問していることをご紹介しましたが、それでも作る人によって味の個性は出ます。

藤本さんが言うには、「うどんはつくり手の作業の仕方で味が変わる。丁寧につくればおいしくなるし、荒っぽい人がつくればまずくなる。つくり手の人柄が味に出る」とのこと。

うどんは生き物なので、丸亀製麺は店によって味が多少違うのです。

しかし、それこそセントラルキッチンで作った画一的な味にはない魅力です。

セントラルキッチンでつくると、味が標準化されますし、誰がつくっても味がぶれないのでリスクは低くなります。けれども、人が自分のためにつくってくれたという感動はありませんし、出来たてのおいしさもありません。丸亀製麺としては、店ごとに微妙な味の違いが出たとしても、そのほうが讃岐のうどん屋のような個性を出せるのだと考えています。

丸亀製麺は、まず国内で１０００店舗を目指していますが、そのすべてが同じ店ではなく、**それぞれに特徴を持つ店が１０００店集まるという考え方をしています。**

つまり、１０００分の１ではなく、１×１０００ということ。

チェーン店は個性がないとよくいわれますが、個性のあるチェーン店をつくることも可能なのです。

ただし、店ごとに味は違っても常に１２０点のうどんを目指しています。ダーツでいえばど真ん中を狙っているということです。

実際には、１００点のうどんもあれば、90点のうどんもあります。本当はそれでよしとはしたくないのですが、商品として提供できる合格点の枠の料理を提供できていると思います。

藤本さんは、「その枠を小さくするのが麺匠の仕事。狙うのはいつもど真ん中」「ど真ん中を射抜いたとき感動が生まれる」といいます。丸亀製麺にとっての最低ラインをクリアしているかどうかを判断し、後はつくる人の個性にゆだねている部分もあるのでしょう。味を完全にそろえることより、絶対的なおいしさを追求するほうが大事なのです。

全員「いいね」は結局売れない

栗田社長が、「全員がいいねと言うものはたいしたことはない」と話していたのを聞いたことがあります。

丸亀製麺をご利用いただくお客様全員が「いいね」と思っているから売れるのではないかと思う方もいるでしょう。

しかし、**みんなが「いいね」と思うものを目指せば目指すほど、平均化してしまい他のチェーン店と同じになってしまいます。**そして、際立つ個性がなくなると飽きられ、結局売れなくなってしまうのです。

丸亀製麺のうどんは最大公約数的な味ではなく、丸亀製麺独自の〝ツルツル、モチモチ〟を基本としています。また、70点から80点くらいの合格点を目指しているわけではなく、常に120点を狙っています。

全員「いいね」は結局売れない。これは飲食に限らず、すべてのことにおいて言えることでもあります。

日立製作所の元会長の川村隆《かわむらたかし》氏は、「会議で人数が多すぎると、最初はとんがっていた意見がどんどん丸くなってしまい、無難なところに落ち着いてしまう」と語っていらっしゃいます。

日立製作所は言わずと知れた日本のトップ企業の一つですが、2009年に7000億円もの赤字を出して倒産の危機に陥った時期があります。川村氏はグループ会社に転出していましたが、日立製作所に呼び戻されて、沈みゆく船の船長を務めることになりました。

その際、社長に就任して真っ先に手掛けたのは、大人数の経営会議で決めていたことを、社長+副社長5人の計6人だけで決める体制に変えたことだそうです。その結果、日立製作所は見事にV字回復を果たし、過去最高益を更新するぐらいになりました。

また、ソフトバンクの孫正義《そんまさよし》社長は、以前、「革新者こそ常にそばに保守の塊を置け」「大事な会議のときは、必ず最強の保守派を同席させ、ボコボコにされたうえで突破したり、殲滅《せんめつ》されたりしている」とツイッターでつぶやいていらっしゃいました。

それはつまり、みんなが「いいね」という環境をあえてつくっていないということ。イエスマン以外の人を身近に置き、絶えず議論することで安易に「イエス」に流されないようにしているのでしょう。そうすれば、いい意味で枠から外れたまったく新しいものが生まれるかもしれません。

栗田社長は、「全員がいいねと言うものはたいしたことはない」だけでなく、「お客様の心の動きは自分たちで読み取るしかない」とも言っています。枠からはみ出すことは大事ですが、それは単に奇をてらい、尖っているということではありません。お客様が何を求めているかを問い続けた結果たどり着くものだと思います。

お客様は本当に欲しいものを口に出して教えてはくれません。でも、目の前に形になって現れた瞬間に飛びつくものです。

本当にお客様が望むもの、お客様の心の奥底にあるものを追求し、それを具現化できれば、もっと革新的な産業が増えて、日本全体が元気になるのではないかと思います。

小さな幸せをつくる

あなたは、どんなときに幸せを感じますか？

日本人は世界幸福度ランキングで、先進国ではいつも最下位だと言われています。国連の関連機関による2018年版のランキングによると、日本の幸福度は156カ国中54位となり、前回から３つ順位が下がりました。

このランキングの判断基準となっているのは、1人あたりGDP（国内総生産）、ソーシャル・サポート、健康寿命、人生の選択をする自由、寛大さ、腐敗の度合いといった項目です。

日本では、人生選択の自由や寛大さを感じる数値が低い傾向があります。SNSではちょっとした発言ですぐ炎上してしまいます。生きづらさを感じる人が多いのかもしれません。

以前、島田紳助《しまだしんすけ》さんが話していたことで、印象に残ったたとえ話があります。

人生は運動会の玉入れと同じだというもの。小さな幸せの玉をカゴに入れていって、人生の最後に一つ、二つと数えて、その数が多いほど素敵な人生だというのです。その話を聞いたとき、私自身、小さな幸せをたくさん集めたいと感じました。

丸亀製麺は、小さな幸せを提供している店だと感じます。

丸亀製麺は、年に一、二度しか行けないような数万円もする料理を提供する高級店ではありません。一杯290円のうどんを提供するお店です。しかし、その一杯のために膨大な手間暇をかけています。

うどんは春や秋などの過ごしやすい季節はおいしくできやすいのですが、夏は生地がだれやすく、冬は硬くなりやすくなります。そこで、夏は小麦粉と塩と水の温度を低く保ち、生地がだれないようにしていますし、冬は逆に温度を高くしてやわらかさをキープします。塩ひとつまでも温度管理しているのです。

以前、北海道の店舗では小麦粉が冷えきってしまい、朝になると麺をうまく打てないという事態が起きました。そこで、小麦粉の袋を毛布にくるんで、隙間に湯たんぽを差し込んで温度を下げないようにしていたのです。今は、小麦粉を熟成庫に入れて温度を一定にしています。

そこまでして手間暇をかけてつくる一杯だから、「おいしい」という小さな幸せを感じてもらえると思うのです。

うどんだけではありません。きめ細やかなサービスも小さな幸せをつくりだしているひとつです。

たとえば、名物店長として知られるとある店舗のパートナー店長は小さなお子さん連れのご家族用にうどんを切るハサミや、絵本やおもちゃ、小さな椅子を用意しました。子育てをしてきた50代の主婦ならではの気遣いです。「そういうサービスが嬉しくて来ている」とおっしゃっている常連のお客様もいらっしゃいます。

大きな幸せを提供することはできなくても、小さな幸せをつくるぐらいなら、おそらく誰でも、明日からでもできます。

もちろん、丸亀製麺はお客様に限らず、パートナーさんや本社の社員にも小さな幸せを提供するべく、さまざまな取り組みをしています。

上司や部下、同僚にぜひ小さな幸せを提供してみてください。さらに言うなら、家族や友人と小さな幸せを共有できるようになれば、世の中はもっと明るくなるはずです。

一人で玉をカゴに入れるより、みんなでいっぱいにしたほうが、玉入れは断然楽しいものです。人生もそれと同じではないでしょうか。

第１章のダイジェスト

丸亀製麺がしていることは効率的ではありません。経営コンサルタントが店内を見たら、即ダメ出しされるでしょう。(36ページ)

丸亀製麺を出店したばかりの頃は、この方式が理解されないばかりか、「そんな効率の悪い店が成功するわけがない」と散々批判されたと言います。それでも、粟田社長は**「客席を減らしてでも、製麺機は置く」**と貫いてきました。(36ページ)

飲食店に限らず、スーパーやコンビニなども**差別化を図るのが難しいのは、同じような商品を同じようなシステムで売っているから**だと考えられます。(38ページ)

どんなに非効率でも**麺匠は一人だけ**。それが味を守るということなのです。(53ページ)

丸亀製麺は「手づくり・出来たて」にこだわるがゆえに**思いや理念、技術などを人から人へと伝承できる直営方式がベスト**だと考えています。効率的にお店を増やすことはできなくても、一店舗ずつ丁寧に育てていく方法を選んでいるのです。(58ページ)

丸亀製麺はお客様に限らず、**パートナーさんや本社の社員にも小さな幸せを提供する**べく、さまざまな取り組みをしています。(65ページ)

第2章

丸亀製麺はなぜ値下げ競争に巻き込まれないのか

── 競争しないで勝つ方法

右肩上がりの成長から失速の事態に

人生に浮き沈みがあるように、丸亀製麺の歩みも山あり谷ありでした。

当初開店した店が次々に繁盛し、勢いに乗り、5年間で600店舗近く出店していました。ところが、そのまま国内で1000店舗を達成するかと思いきや、ガクンと売上が落ちていきました。

それは、**高速出店していく中で、同じエリアに複数の店舗ができてしまったからです。**

同じ地域で2店舗あるぐらいなら、それほど影響はありません。むしろ、1店舗目で行列ができて諦めていたお客様に、もう一つのお店に足を運んでいただけるというメリットがあります。

しかし、3店舗目、4店舗目ができるとお客様が分散するだけで、元々あった2店の売上が落ちてしまいます。

その結果、既存店の売上が2013年3月期は前年比対94・3％、翌年は同96・8％と

１００％を下回るようになり、２年半ぐらい厳しい状況が続きました（オープン後18カ月経過した国内の店舗が対象）。

それはつまり、１０００万円売っていたお店だったら、売上が９５０万円程度になるということです。「それぐらいなら、たいしたことはないだろう」と感じるかもしれませんが、当時は既存店が8割ぐらいを占めていました。仮に６００店すべてで月に50万円売上がダウンしたら、トータルで3億円の損失です。相当なダメージになることがおわかりいただけると思います。

その結果、２０１４年3月期の業績は、減益になってしまいました。減益に陥ったのは、鳥インフルエンザの影響で売上が激減したときと東日本大震災があったとき以来です。**右肩上がりで成長していた企業にもかげりがあるときはあります。**

何も手を打たなければ、利益も売上もじりじりと落ちていくのは目に見えています。

「攻め」の発想でピンチを乗り切る

既存店の売上低下という危機を救ったのが、2014年8月に発売した「肉盛りうどん」です。

一品で590円（並）もする、丸亀製麺では高額のメニューです。なにしろ、一品で客単価を上回っているのですから。このメニューを出すのは、丸亀製麺にとって大きな賭けでした。（巻頭の3択クイズ第3問の正解は2です）

肉盛りうどんといっても、牛丼のようにうどんの上に肉を載せているわけではありません。最初は、うどんの上に煮込んだ牛肉を載せるメニューが考案されたのですが、それだと当たり前すぎて面白くない。しかも、牛肉が出汁《だし》に沈んでしまって、見た目もイマイチでした。

「ダイナミックなことをしないと意味がない」と考え、牛肉はうどんとは別のお皿に盛って提供することにしました。それも、本当に「盛る」というぐらい、たっぷりのボリュー

第２章
丸亀製麺はなぜ値下げ競争に巻き込まれないのか
——競争しないで勝つ方法

ピンチを救った「肉盛りうどん」。実は大きな賭けだった

ムで盛りつけないとインパクトがないので、牛丼屋の特盛ぐらいの肉を添えることにしました。

そのメニューを出すとしたら、コスト的にどうしても590円がギリギリの値段だったのです。

このときは北米産の牛肉を使用し、玉ネギと一緒に甘辛く煮込みました。うどんの隣の鍋でグツグツ煮込み、いい香りが店中に漂い、お客様の食欲をそそったようです。

最初は実験店舗で出したところ、大好評。そこで、タレントの武井壮《たけいそう》さんを起用したテレビCMを打ち、全国の店舗で売り出したところ空前の大ヒットとなりました。

実は、テレビCMを打ったのは、このときが初めてです。かなりの広告費を投入しましたが、結果は、2014年8月の既存店前年対比115％となりました。それ以降、弾みがつき、**既存店前年対比の売上100％を上回る状況が40カ月以上も続いています**（原稿執筆時点）。

店舗を増やすことで、1店舗あたりの売上が減ってしまう。

これはチェーン店としては、ある意味宿命なのかもしれません。

どのチェーン店も企業の規模を大きくするために、同じ地域内で2店舗、3店舗と出店することになります。同じ県内でも離れた地域に出店すれば影響はないのでしょうが、お客様が集まる地域は限られているので、どこにでも出せるというわけではありません。丸亀製麺同士でお客様を奪い合うのを避けるためには、途中で出店を止めるしかない。しかし現状維持は企業にとって衰退を意味するので、出店するしかありません。どの企業も、そのせめぎあいではないでしょうか。

丸亀製麺はそれ以上の自社競合を避けるために、２０１４年ごろから出店ペースを落としました。

既存店の売上が落ちた分を新規出店で補おうとするのは、何の解決策にもなりません。既存店の売上を回復しないことには、新たなお店を出しても意味はない。そう考えて、我々は打開策を考えました。

普通ならメニューの価格を下げたりメニューを増やしたりして、新規客を増やす方法を考えるかもしれません。しかし、一度価格を下げたら上げるのは難しいですし、他店がそれに合わせたらさらに値下げをするしかなくなり、完全に競争に巻き込まれてしまいます。コストをかけると原価率も高くなり、利益を圧迫する可能性もでてきます。

そこで、**丸亀製麺が選んだのは「脱競争」です。原価をしっかりかけ、高単価でかつ高付加価値のメニューを出して集客を図ることにしたのです。**

なぜ客単価を上回るメニューを出したのか

元々、丸亀製麺のお客様はうどんを単品ではなく、天ぷらやおむすびなどのサイドメニューと一緒に頼むので、客単価は520円程度でした。

これまでも季節ごとに投入するフェアメニューはありましたが、400円前後で提供していましたので、一品で客単価を上回るメニューを出すのは「あり得ない」ことです。

しかし、このインパクトのある肉盛りうどんを出して巻き返しを図りたい。

その想いが勝って、今までにないチャレンジに踏み切りました。つまり攻めに出たのです。結果的には、味とボリュームで、お客様にご満足いただくことができ、競争しないで勝つことができました。

通常のメニューと変わらない価格にしていたら、インパクトのない貧弱な商品になり、売上も劇的に回復しなかったでしょう。**今までならあり得ない、常識破りの発想をしたから成功したのです。**

お店としても、売上が好調になると活気が出て、丸亀製麺らしさを取り戻せました。

それ以降も、フェアメニューはずっと高単価の設定にし、ボリュームとインパクトのある高付加価値商品を投入しています。「丸亀製麺にしては高い」と思われるお客様もいらっしゃるかもしれませんが、人気のあるフェアメニューは、５人に１人の方が注文されるほど好評をいただいています。

業界内での競争に勝つには、店舗数を増やしたり、全品値下げや値上げをしたりするのが一般的です。しかし、その方法では際限なく競争し続けないといけないので、いずれ自社も他社も疲弊してしまいます。それよりも、**自分の会社の底力をつけるのが先決です。**

景気や業界内の競争などに左右されない自分たちなりの勝ちパターンを見つけられれば、競争しないでも生き残っていけるのではないでしょうか。

既存客を徹底的に大切にする

新規客と既存客。商売をするうえでどちらも同じぐらいに大切なのは言うまでもありませんが、今は新規客の獲得に集中しているビジネスが多いように感じます。

たとえば、スマホビジネス。

どこも新規契約のお客様に対しては、一年間料金が割引される、端末の料金が安くなるといったキャンペーンを絶えず企画しています。新規加入する方は得した気分になりますが、その機種をずっと使い続けている方は損した気分になるかもしれません。より安いキャリアに乗り換えようという気分になる方もいるでしょう。それが競争を生み、互いに新規客を奪おうとすれば、資本の大きなところが勝つことになります。

新たに入ってくるお客様も大事ですが、**離れていくお客様をつなぎとめるほうが、長期的に見るとよい信頼を得られるのではないでしょうか。**

新規客ばかりを集めようとすると、なかなか信頼を積み重ねられません。既存のお客様を大切にするからこそ、常連の方が「おいしいから食べに行ってみなよ」とまわりに勧めてくださり、ご友人などを連れて来てくださることにつながるのです。やはり、信頼の上に成り立っているのだと思います。

信頼がないと、次にどんな企画を立てても、新規のビジネスに乗り出しても、消費者には「あの会社のやることは信用できない」と思われる恐れがあります。トリドールの他のお店は、「丸亀製麺の会社だからおいしいに違いない」という理由で、食べに来られるお客様もいらっしゃるようです。そうやってお店の看板は守られていくのだと思います。

常連のお客様の信頼を得ると同時に、飽きさせない

丸亀製麺の場合、既存客の信頼を得るためにさまざまな工夫をしています。

工夫の第一は味です。**味が落ちると、あっという間に客足は遠のいてしまいます。**とくに今はSNSの時代なので、「○○という店の味が落ちた」「サービスが悪くなった」と投稿されたら、たちまち影響が出ます。

そうならないために、第1章でご紹介した麺匠に定期的に指導してもらっていますし、新しいパートナーさんにはみっちり研修していただいています。

それと同時に、**常連のお客様に飽きられない工夫も大事です。**

今は前にご紹介したフェアメニューを1カ月半周期で投入し、飽きることなくご利用いただけるよう工夫をしています。

ただし、フェアメニューが売れなかったら、売上がガクンと落ちるというリスクがあります。そこで、たとえばカニ玉あんかけうどんを出したときは、カニが苦手だという方の

ために、併売商品として肉玉あんかけうどんというメニューも出しました。

本当は、２つのメニューを同時に導入すると、つくる側の手間がかかります。しかし、両方好きな方は月に2回来店されるかもしれないので、これもリピーターをつくる仕組みのひとつなのです。

それ以外にも、リピーターを増やすための仕掛けをつくっています。

そのうちのひとつが、うどん札。

２０１５年11月から始めたサービスで、うどん１杯につき１枚、紙のクーポンをお渡ししています。３枚でトッピングが一つ無料になり、５枚で天ぷらが１００円引き、10枚でうどん並が１杯無料になります。

有効期限は、毎月末まで。10枚ためるためには週に2回以上食べないといけないのですが、ヘビーユーザーの中には、せっせとためて利用されている方もいらっしゃるようです。

専用アプリが大ヒットした秘密

リピーターを増やす工夫のひとつとして、丸亀製麺の専用アプリもつくりました。これで、うどんや天ぷらなどが割引されるクーポンがもらえるようにしています。

元々、アプリは2012年からつくっていたのですが、近くにあるお店を検索したり、今日の運勢が占える「うどん占い」や、写真を使って天ぷらを装飾できる「デコ写真」といったコンテンツで、ユーザーに楽しく遊んでいただくことがメインになっていました。

そこで、2016年6月にアプリを刷新し、クーポンサービスをスタートしたところ、2週間で100万以上のダウンロードを記録するヒットになりました。120万回ダウンロードを超えた辺りで落ち着きましたが、その後も一日1万回ぐらいのペースでインストールされ、今では670万ダウンロードに達しています（2018年6月現在）。

飲食業界のアプリではマクドナルドの4200万件がダントツの1位で、2位のガストは970万件、3位のケンタッキーは875万件。それらの数には及びませんが、丸亀製麺は5位に入っています（ModuleApps 調査）。

人気のアプリになったのは、初回ダウンロードの特典として、釜揚げうどん半額や人気メニューが無料になるクーポンをつけたのが理由のひとつ。加えて、会計のときに受け取ったレシートに記載されたＱＲコードをアプリで読み込むと、さらにクーポンが取得できる仕組みを導入しています。これで、**リピートしたくなる仕組みをつくったのです。**

アプリを導入する前は「丸亀製麺カード」というお金をチャージするプリペイド式のカードを一部の店舗で導入していましたが、お客様にとって使い勝手がいいとは言えませんでした。

アプリに切り替えると、新規のお客様に加え、リピートのお客様も増えたのか売上にも貢献し、２０１６年６月の既存店前年対比の売上は９・２％増加しました。結果的に大成功でした。

やはり、こういったリピーターをつくる仕組みは大切だと思います。

とくにアプリは開発担当が「いかにお客様に店に足を運んでいただくか」を念頭に、**お客様視線で考え抜いたので、成功につながったのでしょう。**

ほかに、毎月１日を「釜揚げうどんの日」として同商品を半額で提供しています。これは日頃ご愛顧いただくお客様への還元の意味を込めて始めたものです。

安易な値下げはリスクが高いのですが、**月に一度、看板メニューを割引する**方法はいい宣伝効果を生んでいます。

日本は少子高齢化が進んでパイの奪い合いになっていると言われていますが、既存客に選び続けてもらう方法を考えれば、奪わなくてもいいのかもしれません。

お客様にとっての「太陽」になる

私が入社して間もないころ、粟田社長から**「最近の企業の多くは『北風と太陽』の北風になっている」**という話を聞いたことがあります。

冷たい風をピューピューと吹きつけて、衣服をはぎとろうとするのが北風です。手を変え品を変え、消費者に自分たちの価値観を押しつけて、利益を上げようとしている。だから価格競争に巻き込まれて、不毛の戦いが続いている。それは企業にとっても、お客様にとってもマイナスではないか？

粟田社長は、そう私たちに問いかけていたのです。

北風の一例は、スマホやケーブルテレビの「2年縛り」「4年縛り」といった契約です。契約期間中に他社のサービスに乗り換えようとすると、違約金を支払わなくてはなりません。これは、契約に縛りつけて消費者の選択の自由を奪っているようなものです。

ある激安の居酒屋チェーン店などは、一時的に流行《はや》りましたが、あっという間に街から姿を消しました。最近では、食べ放題キャンペーンを実施したにもかかわらず、業績が悪化している回転寿司チェーン店もあります。

つまり、安ければ流行る、斬新な商品やキャンペーンで集客できるといった考え方では、お客様に選ばれなくなっているということです。「北風＝安さ、珍しさ」で強引に集客すると、**一時的には選んでもらえても、継続的には利用してもらえなくなってしまいます。**

それでは、お客様にとっての太陽とは何でしょうか。

その答えは、ひとつではありません。感動や共感であったり、居心地のよさであったり、安全であったり、それぞれのビジネスにおいて太陽は姿を変えます。大切なのは、**お客様に自発的に「行きたい」と思ってもらうようにすることではないでしょうか。**

「この店でいい」ではダメ。「この店がいい」になる

トリドールは「コナズ珈琲」「ラナイカフェ」というカフェ業態も運営しています。これらのカフェでも、丸亀製麺同様、つくりたてのおいしさを徹底的に追求しています。焼きたてのパンケーキや淹《い》れたてのコーヒーを出し、アイスコーヒーもつくり置きしないこだわりぶりです。

注文を受けてからパンケーキやハンバーガーをつくり、コーヒーはハンドドリップとコーヒープレスの2つから淹れ方を選べて、注文を受けてから豆を挽き、一杯ずつ淹れています。アイスコーヒーは、豆を挽いて淹れたコーヒーを冷やして提供しています。

これらの店のコンセプトは、ハワイで過ごす休日をイメージしたナチュラルなカフェ。コナズ珈琲の店舗のまわりにはヤシの木が生い茂り、内装には使い込んだような木材を床や天井、壁に使い、大きなソファのある一角もあります。椅子やテーブルのデザインは席ごとに違うので、お気に入りの席を見つけるという楽しみ方もあるかもしれません。

これらのカフェはコナコーヒーは５００円前後、ハワイアンパンケーキは１０００円前後、ロコモコは１５００円前後と、丸亀製麺に比べると高額です。それでも平日から連日満席で、２時間待ちになることもあるぐらいの盛況ぶりです。

丸亀製麺はサッと食べて出ていく感じですが、これらのカフェは居心地がいいので、１時間以上過ごすお客様も大勢いらっしゃいます。なかには、モーニングを食べて、そのまま友人とおしゃべりを楽しんで、ランチも食べて帰る方もいらっしゃるとか。

これらのカフェがここまで支持いただいているのは、店のコンセプトやサービスがお客様のニーズや価値観に合ったからでしょう。お客様が**「この店でいい」**ではなく、**「この店がいい」と心の底から思えるような店づくり**ができたからだと思います。

お店の回転率は決してよくありませんし、メニュー数が多いのでパートナーさんたちの負担もかなりかかります。外装にも内装にも、家具にもコストをかけているので、初期費用も相当かかりました。

それでも、高い売上を維持しているので、十分採算は取れます。

お客様の心に響くサービスや商品を提供することが太陽ビジネスなのです。

栗田社長は、**「お客様が自然に欲しいと思っていただけるものをつくらなくてはならな**

い。お客様の深層心理にどのようにアプローチしていけるかが大切で、『こんな店が欲しかったんだ』と思ってもらえる瞬間が、我々にとっての最大の快感だ」と語っています。

丸亀製麺も、コナズ珈琲もラナイカフェも、その深層心理にピタリとハマったから大ヒットしたのだと思います。

お客様の深層心理というと難しく感じますが、**要は相手の立場に立って考えられるかどうか**、ということでしょう。

たとえば、2017年にライオンの「クリニカキッズハブラシ」がヒットしました。

今までの子供用の歯ブラシは、キャラクターがついているものが主流でした。子供のキャラクター好きを利用した、押しつけ型の北風ビジネスといえるかもしれません。

ライオンが着目したのは、事故防止でした。子供が歯ブラシをくわえたまま走り回り、転倒して大けがをしたという話は昔からよく聞きます。それを防ぐため、柄《え》の部分が横にぐにゃりと曲がる仕組みにしたのです。

それまでも事故を防止する歯ブラシはありましたが、安全具がついていて喉の奥まで入らないようになっている仕組みなので、あまり普及しませんでした。歯が磨きづらく、値段が高額だったという理由もあるそうです。

これに対して、クリニカキッズは200円前後です。

ライオンの商品は柄を曲げるという方法で問題を解決し、安心・安全を提供しています。これは相手の立場に立って考えた好例でしょう。子供の安全や健康を第一に考える親御さんは、「こんなのが欲しかった」と自然に手に取ります。

どんなビジネスであっても、相手の立場に立って考えるというのは同じ。**接客業なら、常にお客様ファーストで考えてサービスを提供していれば、信頼関係ができて自然と支持されていくでしょう。**

第一生命保険には、40年連続でセールス日本一を達成し、2回ギネスブックにも載った有名な親子がいます。母親の柴田和子さんは年間で444億円もの保険を売ったこともあるそうです。長女の知栄さんは母の後を継いで日本一になり、次女の佳栄さんも連続して全国2位になるなど、日本一すごいセールスレディ一家です。

なぜそこまで売れるのかというと、**常に「この人のためを誰よりも考える」ことをモットーとしている**からだとか。自社より他社の商品がニーズに合っている場合は、自社の保険をお客様に勧めないケースもあるといいます。さらに、契約した人が病気になったときは手を尽くして名医を紹介するほど、お客様ファーストで考えているのです。

お客様ファーストになるには、利益を超えた人間関係をつくることが大切です。

競争しないで勝つ方法

何かのゲームで対戦相手に勝とうとするとき、相手の調査をして分析し、弱点を見つけて戦うのは常道です。

ビジネスでも、競合他社について徹底的にリサーチせよ、差別化を図れとよく言われます。しかし、実のところ丸亀製麺は他社をそれほど意識していません。社会や業界全体の動向については把握していますが、他社の動きを読んで先手を打つとか、他社より好条件の立地を狙うといったことはほとんどしていません。

理由は、**他社に勝つことを目標にしていない**からです。

業界2強の相手、はなまるうどんさんとは競合していても、最初から自然と棲《す》み分けができていました。

はなまるうどんさんで提供されているうどんの生地はセントラルキッチンでつくられているので、キッチンが狭くても営業できます。店舗スペースが狭くても店をつくれるので、駅前や繁華街などの家賃が高いところにも出店できるという強みがあります。

丸亀製麺は製麺機を置く分、どうしてもスペースが必要なので、家賃が高いエリアにはなかなか出店できません。そこで、駅から離れた郊外のロードサイドやショッピングモールのフードコートといった場所に店を構えることになります。そのため、「はなまるうどんはよく見るけど、丸亀はあまり見かけない」とお客様に言われたこともあるぐらいです。


そういった事情があり、出店エリアがかぶることはそれほどありません。

ただし、丸亀製麺はセントラルキッチンを持たない分、ピンポイントで出店できるのが強みです。セントラルキッチンがあると、そこから配送できるエリアが限られてしまいます。47都道府県すべてにセントラルキッチンをつくるわけにはいきませんし、遠い場所まで運ぼうとすると配送コストがかかるので、自由に出店できなくなります。

丸亀製麺が47都道府県に出店できたのは、セントラルキッチンを持っていないから。製麺機を必須にした結果、全国どこにでも出店できるという効果を生んだのです。

面倒だと思って他社がやらないことをあえて実践する

棲み分けができていなくても、激戦区を競争しないで勝ち抜くにはどうすればいいのでしょうか。

新たな需要を見つけるには、マーケティング調査をして、世の中が今求めているものは何かを分析する方法があります。

しかし、粟田社長は**「どこの会社も同じような調査をしているから、結果として他社と同じ路線を歩んでしまう」**と考えています。**業界においての後発は、他社がやっていないことをしないと差別化できません。**とはいえ、奇をてらったことをすれば長続きしません。**丸亀製麺は「他社が面倒だと思ってやらないこと」「他社が捨てた方法」を拾い上げて実践**しています。

トリドールが手掛けているとんかつ専門店「豚屋とん一《いち》」では、お客様の目の前で、豚の塊肉から1枚ずつ切り出しています。二度揚げもしていますし、そういった面倒なことをあえて実践しているから、お客様にも支持をいただいているのでしょう。

面倒なことをすると現場のパートナーさんたちの負担はかかりますが、負荷がかからない単純作業を続けていたら楽であっても面白くありません。やはり、常にハードルを高くしてチャレンジし続ける環境をつくるほうが、やりがいも増すと思います。

また、後発だからこそ競合他社がやっていないことをやり、独自の道を切り拓いていくことができます。

前述のコナズ珈琲の場合、コメダ珈琲さんが競合になります。コメダ珈琲さんはフードメニューが充実しているので、スターバックスさんやドトールさんとは競争せずに店舗を全国規模に展開できたのでしょう。

コナズ珈琲はさらに手間をかけ、手づくりにこだわりました。そこに競争優位性を見いだし新たな市場を開拓することができたのです。

すでにある市場での勝負の仕方を考えるより、新たな市場をつくりだす。そうすれば値下げ競争に巻き込まれることもなく、独自の道を進んでいけると思います。

「お客様は来ない」のが当たり前

この商品は売れるに違いない、この店は流行るに違いない。

どんなビジネスでも、そんな想いからスタートするはずです。

しかし、**粟田社長は「お客様は来ないもの」とよく言っています。来ないお客様をいかに来させるか、売れないものをいかに売るか。それが今のビジネスの命題です。**

今はライフスタイルが多様化して、商品やサービスの選択肢が多い時代です。

うどん屋もそば屋もラーメン屋も多々あり、高級なお店も激安のお店もあります。乾麺やインスタントのうどんの質もグンとよくなりました。そんな中で丸亀製麺に行きたいと思ってもらうには、丸亀製麺でないとダメだと思わせる力が必要です。

「お客様は来るもの」なのか、「お客様は来ないもの」なのか、どちらの認識からスタートするかによって、ビジネスの在り方はまったく変わってきます。

たとえば、レジでの行列を解消するために、お客様が自分でバーコードを読み込むセルフレジを設置しているスーパーが増えました。確かに、お客様にとっても並ぶストレスがなくなり、便利なような気がします。

しかし、セルフレジの使い方がわからずに戸惑っている方も大勢います。お店によってシステムが違いますし、慣れるまでが大変なので、結局そこだけガラガラになっているお店も少なくないようです。

これは「お客様は来るもの」という発想に立っていたのではないでしょうか。

本当は、お客様もお店が人件費をカットするためにセルフレジを導入していることに気づいています。そのためにお客様が不便を強いられるのは、北風ビジネスになっているように感じます。

「お客様は来ない」という前提だと、「来ていただくためにはどうすればいいか」を考えなくてはなりません。

千葉県にあるベイシア佐倉店という巨大スーパーには、休日になると1日6000人を超えるお客様が来店されるそうです。長蛇の列ができてしまうのでセルフレジを導入したところ、目覚ましい改善は見られなかったといいます。

そこで、イギリスのシステム開発会社の製品を導入しました。そのシステムでは、店の入り口のセンサーで来店者数をカウントし、さらにレジで待っているお客様もセンサーでカウントし、平均買い上げ時間などのデータから、15分後、30分後にレジが何台必要なのかを割り出します。そのデータをもとに混雑する前からレジを開けて対応するようになってから、行列は劇的に解消されるようになったそうです。

行列を減らすために逆にレジの人を増やして、会計をしながらお客様とちょっとした雑談をできるような環境にする。そのほうが、お客様は「また来よう」と思うのではないでしょうか。

もし、このスーパーで「うちのお店はお客様が多いんだから、混雑するのは当たり前」と考えていたなら、こういったシステムは導入しなかったでしょう。その結果、お客様は徐々に離れていってしまったかもしれません。

このスーパーではお客様が何に対して不満を感じているのかアンケートをとっていたようですし、「お客様に来ていただくにはどうすればいいか」を追及していたからきちんと対応できたのではないかと思います。

「お客様は来ないもの」という考え方は、慢心を戒めるだけではなく、**「だから何をする**

か」という次の手を考えるきっかけになります。

景気が悪い、業界全体の売上が落ちている、日本は少子高齢化が進んでいる。このように、売れない、お客様が来ない理由はいくらでも考えられます。

しかし、そこで思考を止めずに、こういう時代だからこそ何をすればいいのかに、目を向けることが大事なのではないでしょうか。

丸亀製麺の場合、**「だから非効率でも本物を提供したい」**という次の手になりました。

現状に満足せずに考え続ければ、勝ち負けではなく、みんなを幸せにする方法がきっと見つけられると思います。

第 2 章のダイジェスト

既存店の売上が落ちた分を新規出店で補おうとするのは、何の解決策にもなりません。**既存店の売上を回復しないことには、新たなお店を出しても意味はない。**そう考えて、我々は打開策を考えました。
(73 ページ)

通常のメニューの料金と変わらない価格にしていたら、インパクトのない貧弱な商品になり、売上も劇的に回復しなかったでしょう。今までならあり得ない、**常識破りの発想をしたから成功した**のです。
(74 ページ)

ビジネスでも、競合他社について徹底的にリサーチせよ、差別化を図れとよく言われます。しかし、実のところ丸亀製麺は他社をそれほど意識していません。社会や業界全体の動向については把握していますが、他社の動きを読んで先手を打つとか、他社より好条件の立地を狙うといったことはほとんどしていません。理由は、**他社に勝つことを目標にしていない**からです。(89 ページ)

第3章

国内No.1の羽田空港店はなぜ「歩数」に注目したのか

——正しいムダのなくし方

丸亀製麺、国内で一番売れているお店はどこか？

丸亀製麺の国内店舗で、**一番売れているのは羽田空港の第二旅客ターミナルにあるお店**です。

開店したばかりのころ、行列があまりにも長くなってしまったので嬉しい悲鳴が上がりました。同時に、「お客様は諦めて他のお店に行ってしまうのではないか」という心配もありました。

羽田空港店は、他の店舗に比べてお店が格段と広いというわけではありません。ただ、**一日中ずっと客足が途絶えないのが羽田空港店ならではの特徴です。ピークがないからかえって強いのです。**

他の店舗はランチタイムが勝負時で、一日の6割の売上を上げます。夜もお客様は入りますが、行列ができるほどではありませんし、それ以外の時間帯はポツポツ入る程度です。

さまざまな工夫で「小さなムダ」をなくしていった羽田空港店

羽田空港店はランチタイムにはやはり行列はできますが、それ以外の時間帯も客足は衰えません。最近は飛行機の中であまり食事を出さなくなったので、早めにランチや夕食をとる方、遅いランチや夕食などをとる方のニーズに合っているのでしょう。

空港のレストランは料金が高い傾向がありますが、丸亀製麺は全国統一なので、安くて早く食事をとれるというのも人気の理由の一つです。

しかし、売れているとはいえ、それに安住しているわけにはいきません。早急に問題点を解消しないと店の成長は頭打ちになってしまいます。

行列を解消するにはどうすればいいのでしょうか。

効率を考えれば、客席を増やしてお客様を詰め込んだり、制限時間を設けたり、料理を大量につくりおきするといった方法が考えられます。なかには椅子の座り心地を悪くして滞在時間を減らすなど、売上ファーストの方法を考えるお店もあるかもしれません。

しかし、どれも丸亀製麺としては受け入れがたい方法です。車のガソリンを満タンにするように**ただ食べ物をお腹に詰め込むだけの場になったら、丸亀製麺らしさがなくなってしまいます。**

小さなムダをなくしたら売上が２倍に！

羽田空港店の売上を維持しつつ、さらにお客様によりよく利用していただくためにはどうしたらいいか。

この難題を解決するために、**小さなムダを取り除く方法を取ることにしました。柔道でいうなら、一本勝ちを狙わず、合わせ技でポイントを稼ぐ方法です。**

たとえば、お客様がお店に入って注文をして料理を受け取って、席に着いて食べてから店を出るまで、１００歩歩くとします。それを70歩にすれば店全体の回転率を上げられます。

その30歩のムダをどのように減らすか。

丸亀製麺でお食事していただいたことのある方ならおわかりかもしれませんが、会計を済ませた後は、ネギや天かす、薬味などを取り、水を汲《く》んでから空いている席を探してそこでお食事していただくセルフスタイルです。

お客様の中には、「ネギと天かすを取り忘れていた」と席に着いてから取りに行く人、また、お水のお代わりを汲みに行く人などもいらっしゃいます。

ピークの時間帯は、ネギと天かすを取るところに渋滞が起こったりします。

羽田空港店でまず取り組んだのは、お客様がお席に着くまでの歩数を減らすことでした。

ネギや天かすの入った容器を3カ所に設置したり、お冷《ひや》ピッチャーをテーブルに設置してお代わりを着席したまま汲めるようにしたり、そういった細かいことを積み上げていきました。（巻頭の3択クイズ第1問の正解は3です）

また、丸亀製麺は食べ終わった後、お盆を下げ場まで戻していただくシステムですが、それもピーク時間帯は混雑します。ですので、お盆を置けるボックスを店舗のフロア内に設置しました。

そのような地道な改善をしたところ、回転率が上がって売上が伸び、開店当初の2倍以上になった月もあります。

利益を上げるのは商品の単価を上げたり、商品コストや人件費を削ったりするのが王道ですが、地道な改善の積み重ねでも実現できるのです。

丸亀製麺は羽田空港店に限らず、「レジを2台設置してみたらお客様の回転率が上がって、売上が０・５％増えた」といった成功例があれば、すぐに他の店でも実践してみます。そのような小さな成功例ほど、ムダにできません。

有名なトヨタ自動車の「ムダとり」は、工場で工具の置き場所を変えたり、作業をする姿勢を変えて作業のムダを省くことで生産性を上げるという方法です。丸亀製麺でも小さな「ムダとり」を実践しました。

丸亀製麺の場合、お店で出来たての料理を出すという点は譲れません。味を落とせないので商品コストも削れませんし、サービスの質を保つために人件費を削減することもできません。それらは丸亀製麺にとってはムダではなく、財産なのです。

その財産を活かすために、小さなムダを探す。そしてお客様のストレスを軽減しつつ知恵をしぼってムダを省いていく、それが丸亀製麺流の「ムダとり」だといえます。

見えないところのムダを徹底的に削る

組織が大きくなればなるほど増えていくのが、ムダな作業です。

一つの物事を進めるために、いくつもの部署に確認をとるので時間がかかったり、パソコンで済む作業を手作業で続けていたり、おそらく誰もが「これってムダだな」と感じる作業があるでしょう。

丸亀製麺は接客では非効率を徹底していますが、その裏側の管理ではムダな作業を徹底的に削っています。

その一つが、店舗の管理業務です。

通常、作業でＩＴ化を進めると中高年のスタッフがついていけないという事態が発生します。そして、そのシステムがほとんど使われないまま終わってしまうというのはよくある話です。

しかし、日本で少子高齢化が進んでいるのは周知の事実。ＩＴを「できれば」導入したいという話ではなく、ＩＴ化「しなければ」やっていけないのです。

中高年層にＩＴをうまく導入できないのは、人をＩＴに合わせようとするからだと思います。若い世代であっても、新しいシステムや機器には戸惑うものです。中高年ならなおさらで、最初につまずいてしまうと苦手意識がさらに強まってしまいます。

これからの時代は、**ＩＴを人に合わせないといけない**のではないでしょうか。

丸亀製麺は中高年のパートナーさんがたくさん活躍されていて、その方々が中心になって報告業務をするので、最初から誰でも使えるシステムにすることを考慮しました。

次項から、もう少し詳しくご説明しましょう。

ITを人に合わせて、誰でも使えるシステムに

丸亀製麺は店舗ごとに手仕込みの調理をしているので、品質のブレをなくすために、数時間ごとにQ（Quality＝品質）S（Service＝サービス）C（Cleanliness＝清潔）をチェックしなければなりません。

出来たての料理を提供しているか、客席の掃除は行き届いているか、といったことを1日に8回チェックしています。

以前は紙のチェックシートに記入し、それをスキャンしてPDF化し、各エリアのマネジャーに毎日メールで送ってもらっていました。ただでさえ調理や接客で忙しいのに、さらに面倒な作業です。しかも、真剣にチェックしているのか、毎日送っているのか、本社ではチェックしきれず、形骸化しつつありました。

そこで、2014年から株式会社シムトップスが販売している「i-Reporter」という帳票を記録・報告・閲覧するシステムを導入し、今まで紙でやっていた作業をiPadで行

えるようにしました。

このシステムは使い慣れた紙の帳票をそのままｉＰａｄの画面に再現できるので、中高年のパートナーさんでも混乱なく使えます。画面にタッチするだけでいいとわかると、みな安心して使うようになりました。スキャンしてＰＤＦ化してメールに添付するという手間もなくなり、ムダな管理業務を減らせました。

今までは８回分のシートを閉店後一括で送っていましたが、１回ごとにサーバーに送れるので、マネジャーや本社もリアルタイムの情報を把握できるようになったという利点もあります。

ちょっとした工夫の積み重ねで、年間作業時間が２４００時間も節約！

パートナーさんたちが「i-Reporter」に慣れてきたころを見計らって、さまざまな管理をｉＰａｄでできるようにしていきました。

丸亀製麺では、パートナーさんたちの体温を毎日チェックしています。お店に体温計が置いてあり、出社したらまず体温を測ることになっています。

もし平熱より体温が高かったら、保菌している可能性もあるのでお店には出られません。その体温を毎日ｉＰａｄに入力して、管理しています。

また、丸亀製麺は新しいフェアメニューを投入するとき、店の入り口にそのＰＯＰ広告のパネルを掲示することになっています。お店には事前にパネルを配っていますが、それをフェア初日から設置しているかどうかまでは、本社ではなかなかチェックできません。

それまでは設置したかどうかを紙のチェックシートに○×で記入してもらっていましたが、実際には設置していないお店もあったようです。

そのため、チーフマネジャーが店舗に設置してある防犯用WEBカメラをリモートで動かして、店頭にPOPが設置しているかどうかを確認していました。チーフマネジャーは50店舗ぐらいを管理しているので、この作業だけで3時間もかかっていたそうです。

この時間のムダをなくすために、パートナーさんたちにパネルを飾っている画像をiPadで送ってもらうことにしました。この試みは大成功で、チーフマネジャーの確認作業はわずか10分で済むようになりました。3時間から10分というのは大きな成果です。

そのほか、冷蔵庫の中の様子もiPadで撮影して、その画像を送ってもらっています。在庫の状況がリアルタイムで把握できるので商品のロスを防げますし、材料を適正な場所に保存しているかどうかもチェックできます。今は、出汁の温度を時間帯ごとにチェックできるようにもなりました。

このシステムを導入してから、**全店舗での年間作業時間を約2400時間削減**できました。何より、パートナーさんたちにiPadを使うと作業が楽になると理解してもらえたのが大きかったです。

新しいシステムを導入するときは、現場で多少の混乱が生じますし、導入コストもかかります。それでも、慣れれば大幅に時間を短縮できるので、結果的にコスト削減にもつながります。

ただし、**大切なのは誰にでも使えるようなシステムにすること、そして段階的に取り入れていくということ。**

このシステムを導入するとき、最初は一部の店舗で実験してから、全店舗での導入に踏み切りました。これなら、現場のパートナーさんたちがどのような操作に戸惑うのかを把握し、改善したうえで、すべてのお店で展開できましたので、混乱を抑えられます。

関係者を全員集めて講習会を開くという方法もありますが、一度で覚えられる人はそれほど多くはいません。日常の業務の中で、迷うことなく操作できるシステムでなければ、現場には根付かないでしょう。

丸亀製麺では、今ではすべての店舗で毎日ＱＳＣをチェックするようになりました。それに伴いサービスの質も向上していったのです。

日本は高齢化率が世界一だと言われています。

これから少子高齢化が進んで、**どの企業も社員の高齢化が進むのを避けられません。**適応力が低いからとシステムや新しい機器の導入を控えていては、生産性は低下するばかりです。工夫すれば道は開けますし、その工夫が新しいビジネスのヒントにもなるのではと思います。

ムダな会議はいらない

今は働き方改革が政府主導で進められ、日本の生産性の低さが問題視されるようになっています。

ＯＥＣＤ（経済協力開発機構）の２０１７年の調査によると、日本の年間平均労働時間は１７１０時間。ドイツの１３５６時間、フランスの１５１４時間と比べると、かなり長い傾向があります。ただし、これにはサービス残業は含まれていないので、実際には３０００時間を超えるとの意見もあります。

日本生産性本部によると、日本の時間あたりの労働生産性はＯＥＣＤに加盟する35カ国中20位で、先進7カ国の中では最下位だったそうです（２０１７年度）。

実は、日本の国内総生産（ＧＤＰ）は約4兆９０００ドルで世界3位、ドイツは約３兆６９００ドルで4位と、日本のほうが上です。

ところが、労働生産性になると状況が変わります。ＧＤＰを労働者の数で割り、さらにその数値を労働時間で割ると、労働生産性を割り出せます。日本の1時間あたりの生産性は46ドル（約4700円）となり、8位のドイツの68ドル（約7300円）を大きく下回ります。

つまり、日本はドイツよりも人口が多くて国として稼いでいるのに、生産性は低い。ドイツは少数精鋭で結果を出しているといえるでしょう。

だからといってドイツ人の仕事量が少ないというわけではありません。会議の時間が短かったり、無駄話をせずに仕事をこなしたり、決められた時間内に作業を終わらせようとする意識が高いのだといいます。

日本では、**長時間の会議はいつも問題にされるムダの代表選手です。**

本来は何かを決定するのが会議の目的なのに、長時間話し合うのが目的になっている企業は少なくないはずです。2、3時間話し合っても結論が出ず、「次回、この続きを話し合いましょう」とエンドレスで持ち越すのはよくあるケースです。

それは、全員が「いいね」と合意するのをゴールにしているからではないでしょうか。異論があっても決断して実行することができず、全員が納得するまで話し合おうとすると、時間がいくらあっても足りません。

全員、もしくは大多数の人が「いいね」と言うまで待つのは、自分ひとりが責任を負いたくないという意識があるからでしょう。そうなると自分の立場を守ることに懸命になり、お客様に意識が向かなくなります。

丸亀製麺では、物事を全員一致で決める会議はほとんどありません。

各担当者が、「うちのエリアではこういう取り組みをしたい」という意思表示をする感じです。その案に対して、他の人たちが「前例はあるのか」「他社はその施策でうまくいってないじゃないか」などと口を挟むことはありません。

その提案をするまでに担当者は相当調査して、考え抜いていることはわかっているので、周りから頭ごなしに反対されることもなく、「では次の回で検証結果を共有してください」というふうに前に進んでいきます。

ただ、必ずしも和やかな賛成ムードで物事が進んでいくというわけではありません。「自分ならこういう方法でやるかもしれない」と意見する場合もあります。それでも「見送り」とはならずに、**「可能性があるなら、やってみよう」となることが大半です。**

「他の人の反対意見がないなら、社長と担当者の1対1でやりとりすればいいのでは？」と思うかもしれませんが、他部門の動きを知っておく場はやはり大事です。他の担当者とのやりとりを聞きながら、「そのチャレンジは面白いな」と気づきを得られる場面もあるでしょう。

バーチャル会議のススメ

前述したように、丸亀製麺では全員一致で何かを決める会議はほとんどありませんが、店舗を束ねるための会議はどうしても必要です。

丸亀製麺では店長やマネジャーは現場の管理や指導で手いっぱいで、ひんぱんに連絡会議やプロジェクト運営会議を開くことに限界を感じていました。そこで、リアルな会議をバーチャルの場に移すことにしました。

まず、社内SNSの「トークノート」を導入。これはトークノート株式会社が開発した社内SNSのシステムです。フェイスブックやラインと同じような機能ですが、セキュリティ度が高いのでビジネスに適しています。

約1000の店舗に1台ずつiPadを配り、トークノートでやりとりできるようにしました。

たとえば、「もったいないをなくそう」プロジェクトを立ち上げたとき、リアル会議が始まる前に、トークノートで店長やマネジャーたちの間で議論できる場を設けました。トークノートで仕切るのは、本社の営業サポート部の担当者です。

このときは専用ページを立ち上げ、まず「水道・光熱費を年間で８％削減する」というプロジェクトの目標を明示し、削減したコストを求人・設備投資に活用したいことも伝えて、なぜそのプロジェクトが必要なのかをメンバーに理解してもらいました。

そのうえで、メンバーに水道光熱費がどれぐらいかかっているのか、データを出してもらうように依頼しました。写真やグラフも投稿してもらうようにしたところ、メンバーが興味を持って読むので、リアル会議までに他店の状況を把握することに役立ちました。

これなら、リアル会議が始まってから各店舗にデータを出してもらい、全員で共有するという時間を削減できます。リアル会議では、初回から集まったデータをもとにどのように削減すればいいのかという具体的な議論になりました。

バーチャル会議はリアル会議の時間を減らせるだけではありません。リアル会議ではなかなか発言できない人も、自分の意見を書き込みやすいというメリットがあります。

つまり、活発に議論できる場をつくれるということ。今の若い世代はＳＮＳに慣れているので、リアルとバーチャルの会議を組み合わせると、議論が深まるかもしれません。

こういった取り組みは、形骸化しないためにも細やかに仕組みをつくりあげていかないといけません。それは手間暇がかかる作業ですが、定着したら大幅に時間とコストを削減できるので、導入するからには徹底すべきでしょう。

そもそも、社員が「こんな会議ムダだな」と思いながら参加している時点で、その会議は役割を果たしていないのでは、と思います。

大きな会議に長時間をさくぐらいなら、少人数のミーティングを10分ほど開くほうが、よほど効率的です。

生産性を生まないムダな時間こそ、働き方改革を妨げているのではないでしょうか。

電話やメールに時間をかけない

一般社団法人日本ビジネスメール協会の調査によると、ビジネスメールの1日の平均送信は約12通、平均受信は約39通だそうです。そして、メールを作成する平均時間は6分。12通送る場合は72分、つまり1時間以上かけることになります（ビジネスメール実態調査2017）。

メールは手紙の延長であり、ラインは会話の延長だと思います。日本語のよい点は豊富な表現があり、細かいニュアンスの違いを表せるところにあるでしょう。一方で、敬語の使い分けは複雑で、「こんな表現をしたらNG」という決まりも多く、メールを書くのにも時間がかかります。

トリドールは、前項でご説明したトークノートを導入してから、社内メールが激減しました。

社内メールだと、まずタイトルを考え、「お疲れ様です。お忙しいところ失礼いたします。A社の案件で進捗状況のご報告です」「ご検討のほど、よろしくお願いいたします」と、かしこまった文面を考えないといけません。これもムダを生んでいる時間です。

トークノートはフェイスブックやラインと変わらないので、「A社の件、見積もりを出してほしいとのことです。料金は50万円でいいでしょうか？」という具合に、要件だけで済みます。

また、社内メールは、たいていCCで関係者全員に送ります。**CCにすると一括ですべての人に連絡できるというメリットがありますが、「自分にはそれほど関係ない」「誰かが返事するだろう」と注視しない人が出るというデメリットもあります。**また、複数の部下からCCで報告が送られてきても、上司はすべてに目を通す時間はないでしょう。

トリドールも、関係者をCCに入れ忘れたり、重要なメールを見落としたりする事態が起きていたので、社内のコミュニケーションをトークノート主体に変えることにしました。

トークノートの導入は営業本部の石川暁の主導で行いました。彼は店舗から本社の営業サポート部に移ってきたとき、とにかくメールの量が多いことに驚いたと言います。

平均で1日150件くらいのメールを処理し、午前中いっぱいかかっていたとのこと。そのうえ、メールだけではわからない部分は口頭で確認し、その結果をまたメールしていたので、相当時間や作業がムダになっていました。

トークノートでのやりとりに変えてからは、メール処理にかかっていた時間は3分の1ほどに劇的に減りました。既読がついたかどうかで相手が読んだことがわかるので、相手の返事を待たなくて済みます。また、自分が参加しなくてもいい話題は読んでも返信しなくていいので、その分の作業も削れます。

そうやってメールでの作業の進め方を見直すだけで、ムダは大幅に削れるはずです。

一方で、電話はどうでしょうか。

丸亀製麺も多くの企業同様、社用携帯を持っている社員もいますが、社員同士の連絡で使うことはほとんどありません。相手が忙しいことはわかっているので、部署の電話でつかまらなかったら、トークノートで連絡をします。

今も電話でのやりとりを重視している方は大勢いらっしゃるでしょう。確かに、直接話したほうがコミュニケーションをとれますが、電話は相手の時間を奪うことになります。

一般的には、メールを一本書くのは時間がかかるから、電話で済ませたほうが効率的だと思われています。しかし、それは自分にとっての効率性で、相手の効率性ではありません。重要な内容ならメールやラインのほうが記録を残せますし、簡単な連絡なら、それこそ相手に電話に出てもらうほうが時間のムダでしょう。

ただし、電話や会議をなくしても、コミュニケーションをとるという点まで削ってしまってはいけません。みんなの忙しさを緩和してゆとりが生まれれば、チームでアイデアを出し合ったり、チームで食事に行ったり、いくらでもコミュニケーションをとる時間はつくれます。

あくまでもムダな作業や時間を減らすのが目的であり、人との触れ合いを減らすのが目的ではありません。それさえ忘れなければ、どんなシステムを導入しても社内の風通しが悪くなることはないでしょう。

稟議書を書いている時間があったら、その前に「行動」

この世の中で何が成功するか、失敗するかがわかるのは、おそらく神様だけです。それらを実行する前に長時間議論することに、どれだけ意味があるのでしょうか。

粟田社長も、「ひらめいたアイデアに確信なんてない。それがあったら、今頃もっと会社が大きくなっている。**無数の失敗があるからひとつの成功がある。**これまでたくさんの失敗をしてきた」と語っています。

日本のビジネスは海外に比べるとスピード感がないと、以前からずっと指摘されています。それでも変わらないのは、現場の担当者に決定権がないから。上に確認しながら物事を進めなくてはならないので、どうしても時間がかかります。

そういう組織の構造をガラッと変えるのは時間がかかりますが、**社内の慣例を変えるだけでもかなりスピードアップするはずです。**

たとえば、稟議書。

そもそも稟議書を書くのに時間をとられていること自体、かなりの時間のムダです。稟議書を課長、部長、常務、専務、社長とすべての決裁権を持つ人が確認してハンコを押すまで、数週間からまたはそれ以上かかることもあるでしょう。

もし一人でゴーサインを出してその案件がうまくいかなかったら、ゴーサインを出した人が責任を問われることになります。稟議書はそれを避けるために、承認する人を増やして責任を分散させるためのツールとも言えるでしょう。

しかし、この習慣は本当に会社の利益になるのでしょうか。やったほうがいいとわかっていたのにやらなかった損失、決定が遅くなった損失は計り知れません。

トリドールはもちろん企業なので、稟議書によって社内における承認を経て、またそのエビデンスを残していくというルールはあります。

ただ、「追加の設備が欲しい」「この媒体で広告を打ちたい」といった日常の業務に関することなら、直属の上司がある程度の決裁権限を持っているので、相談してOKをもらうだけ。したがって、現場の判断で物事がどんどん進んでいきます。

それが実現できるのは、**検討するのに時間をかけるぐらいなら行動したほうがいい**という考え方が社内に根付いていているからです。

トリドールでは頭ごなしに反対したり妨害したりする人はいません。それぞれが自分の業務をこなすだけで精一杯でまわりの足を引っ張っている暇はありませんし、互いを尊重しているので、新しいことをしようとしている仲間をむしろ応援します。

個人が決定権を持つと一人あたりの責任は重くなります。しかし、みんなの「いいね」を待っていたら、スピードと鋭さがなくなっていきます。

皆さんの中には、「うちの会社では出る杭は打たれるから従うしかない」と考える人もいるかもしれません。それでも、横を見て競争しないで、前を見て走ってください。

横並びの意識がしみついてしまったら、その習慣からは抜け出せなくなります。

みんなの「いいね」に慣らされず、「本当にそれでいいのか？」と疑問を持つところから、イノベーションは始まります。

トリドール流
高速ＰＤＣＡサイクル

トリドールでは、「やる・やらない」の意思決定は即断即決のことが多いです。

粟田社長も即断即決をされるので、物事がどんどん進んでいきます。普通の企業の社長なら、「リスクがあるから、もう少し検討してみよう」となりそうなことも、「まずやってみよう」「やりながら検証し、軌道修正すればいい」という考えが根付いているので、スピード感があるのです。

粟田社長は、**「経営においては、計画性より俊敏な機動力のほうが大切」**と考えています。

たとえば、有名なＰＤＣＡサイクル。ご存知の方も多いと思いますが、Ｐｌａｎ（計画）→Ｄｏ（実行）→Ｃｈｅｃｋ（評価）→Ａｃｔ（改善）の４つのステップを繰り返すことです。**トリドールでは、ＰＤＣＡサイクルをうまく回すのではなく、どれだけ速く回すのかが大事だと考えています。**

緻密な計画を練って用意周到にやっていくことも一つの方法ですが、トリドールではとにかくやってみて、うまくいったらすぐにそれを取り込んで次につなげていく方法をとっています。好機を逃さないためにも、即決断、即実行が基本です。

さらに、**今日の問題は今日解決するのが、粟田社長の信条**でもあります。そのためにも高速でＰＤＣＡサイクルを回すのは必須です。

私もトリドールに入ったばかりのころは、とにかくこのスピード感に圧倒されました。普通の企業では、どうやって実行するのか、誰が実行するのか、予算はいくらか……とプレゼンや詳細の議論を重ねてから、実際にどうするのかを決めます。その最中には、関係する部署への根回しもしなくてはならないでしょう。

そういったプロセスを飛ばして、トリドールとしてそれが正しいと思えれば「やろう」と即断されるので、任された担当者はすぐに走り出します。

それだと、失敗するのではないかと思う方も多いでしょう。

その通りで、粟田社長の言葉にあったように、失敗もたくさんしています。私がトリドールに入ってから、パスタ業態、ケニアのテリヤキチキン業態と、さまざまな事業が始まり撤退したのを見てきました。

それでも、担当者が失敗を追及されたり責任を問われたりすることはありません。

多くの日本企業は失敗が起きたときに、「誰がこんなことを招いたのか」と犯人捜しをします。そして責任を取るため、担当から外されてしまう。こういう習慣がなくならない限り、チャレンジしようとは思わないでしょう。ただでさえ昇給や昇格が頭打ちになっている企業が多いのに、失敗の責任まで負わされたらたまったものではありません。

トリドールでは、犯人捜しをしているぐらいなら、次はどうするかを考えるほうが建設的だという考え方が浸透しています。失敗を糧《かて》に未来に向けてエネルギーを使うほうが理にかなっているでしょう。

そのように**失敗を肯定して、常に前に歩みを進めているから、ビジネスのスピード感が落ちないのです。**

結局のところ、やってみて成功すればよし、失敗したら教訓や経験を得られるので、どちらに転んでもプラスなのです。

パソコンに向かって書類作りに没頭するぐらいなら、まず実行してみるほうが、生産性は高まります。

書類作成や合意のための時間が多い組織やチームは、その時間をなくすところから始めてみてはいかがでしょうか。

ＡＩには感動するうどんはつくれない

現在、囲碁や将棋の世界ではＡＩが人間を超えてしまいました。

確かに、人間が理解できない手を打ってくるので敵《かな》わないかもしれません。しかし、ＡＩとの勝負に驚きはあっても、感動やワクワクするような楽しみはないように感じます。

やはり、人間同士がその限られた能力の中で努力し、鍛錬して、苦悶の表情を浮かべて頭を掻きむしりながら死力を尽くしているから、「よくこんな手を考えたなあ」と感動するのだと思います。

自動車と人間がフルマラソンで競争して自動車が勝つのは当たり前。感動も何もありません。将棋めしが話題になったのも、中学生棋士だった藤井聡太四段（当時）が連勝中に何を食べているのかが注目されたからです。そういうドラマを垣間見られるのが、人間同士の対戦の醍醐味だと思います。

これまでの章で語ってきた丸亀製麺の感動や楽しさは、互いに心を持つ人が人にサービスをすることで生まれるのだと考えています。何気ない会話やちょっとした気遣い、時には食器を落とすなどの失敗があったとしても、「しまった」という表情や一生懸命謝るところに人間臭さがあるのではないでしょうか。

私はトリドールでＩＲ（Investor Relations＝株主、投資家向けの広報）を担当し、国内外の株主様や投資家の方々に財務状況や経営方針などを説明しています。

そのときによく投げかけられるのが、「今はロボット化が進んでいる。御社もロボットを入れて人件費を削らないのか」といったご意見です。外部の人たちから見ると丸亀製麺の経営はムダが多く、券売機を置いたり、製麺は譲らないにしてもオートフライヤーくらい使ってもいいじゃないか、と感じるのでしょう。

そうやって**効率化を優先すればするほど、丸亀製麺らしさは失われていってしまいます。**手づくり、出来たて、打ちたての感動を提供するのが丸亀製麺の使命なのに、一カ所でも機械に任せたら台無しになります。

旅行会社のＨ・Ｉ・Ｓが、渋谷にロボットがコーヒーを淹れる「変なカフェ」を開いて話題になっています。

元々Ｈ・Ｉ・Ｓはハウステンボスに世界初のロボットホテルを建て、成功をおさめています。そのノウハウを活かして、本格的なドリップコーヒーを淹れるロボットを開発したのです。券売機でチケットを買い、ＱＲコードをかざしてコップを置くとコーヒーを淹れてもらえるので、ほとんど人の手を必要としません。

チャーハンを炒めるロボット、お寿司のシャリを握るロボット、肉に串を刺すロボットなど、さまざまなロボットも開発されています。吉野家さんは「ＣＯＲＯ（コロ）」という協働ロボットを導入し、洗浄した食器の仕分け作業をロボットにさせる試みをしています。

飲食業はどこも人手不足で悩んでいるので、ロボットを導入する方向に切り替える店はこれからも増えていくでしょう。

ＡＩやロボットは丸亀製麺と同じ味のうどんはつくれるかもしれません。しかし、人はそれだけでは感動できません。逆に言えば、**丸亀製麺はロボットではつくりえないものを提供していかなくてはならないのです。**

皆さんも想像してみてください。

すべての外食産業がロボット化された中、丸亀製麺だけは変わらず人が料理をつくり、「いらっしゃいませ」とサービスしている光景を。オートメーション化されたお店と、どちらに行きたいと思いますか？

あえて「らしくない」ことを選ぶ

自分らしい考え方、自分らしいファッション、自分らしい行動。一貫性を持つことは大事ですが、ときに自分自身を縛ることになります。それが行き詰まるとワンパターンになってしまう。それを打ち破るための方法として、**「らしくないこと」にあえてチャレンジしてみる**というやり方があります。

丸亀製麺が初めて海外進出を果たした場所は、「らしくない」常夏の島、ハワイです。「暑いところで、熱いうどん⁉」と誰もが思うでしょう。

実は、ハワイは年間平均気温が25℃ぐらいで、23℃前後の沖縄とそれほど変わりません（丸亀製麺は沖縄にも出店しています）。湿度は沖縄のほうが高いので、ハワイのほうがカラッとしていて過ごしやすいという意見もあります。

ハワイへの出店は、粟田社長が即断即決しました。

粟田社長が生まれて初めてハワイを訪れたとき、「これだけ人があふれているんだから、日本食、うどんが入り込む余地は必ずある」と確信したそうです。

そんなことを考えながらワイキキの中心部であるクヒオ通りをジョギングしていたとき、たまたま空き店舗の前を通りかかりました。その店舗を見た瞬間、「ここ、ええなぁ。ここに丸亀製麺を開こう！」と運命を感じたと言います。数寄屋造りの日本家屋風のお店のまわりに、連日大行列ができる光景がはっきりと目に浮かんだそうです。

そして、帰国してすぐに「ハワイに丸亀製麺を出すから」と社員に伝えました。さすがに社員も「えっ、ハワイですか⁉」「なぜ、ハワイに？」と戸惑いましたが、粟田社長は現地で感じたお店のイメージを熱く語ったといいます。それからプロジェクトを任された担当者はハワイに出店する際に必要なことや、店をつくるときのコスト、材料をどうやって調達するかなどの調査が始まりました。

ハワイでも製麺機を持ち込んで、実演販売をするという点は譲れません。

ただ、日本から北海道の小麦粉を持って行っても、現地の水でつくると日本の丸亀製麺の味は出せませんし、コストがかかりすぎます。現地の人に慣れ親しんだ味にするには、現地で使われている材料を使うほうがいいという話になり、地元で小麦粉を調達しました。

「らしくない」ワイキキ店が世界最高の売上に

2011年4月。ワイキキ店がいよいよオープンしました。初日から行列ができて、その勢いは何日経っても衰えません。

実は、**世界中の店舗の売上ランキングで1位に輝くのは、このワイキキ店です。**オープン以来、ずっと1位をキープしています。これは、社内でも予想外の大ヒットでした。

ハワイ店では日本人客が多いのかと思いきや、圧倒的に多いのは現地の方や外国人観光客です。通りに面する壁はガラス張りになっているので、外からうどんをつくっている様子が見えます。それだけでみんな「何をつくってるんだろう?」と興味津々で見ています。

メニューは基本的には日本と同じですが、マッシュルームやアスパラガスの天ぷら、スパムおむすびも用意しました。やはり、現地の人が好むようなメニューもあったほうが、うどんになじみやすいのではないかと考えたからです。

ほかにも、出汁は日本よりぬるめにしたり、カレーうどんのスパイスを多めにしたりするなど、「ハワイで食べておいしく感じるうどん」を目指して試行錯誤を重ねました。

ハワイは暑いから、ざるうどんのような冷たいメニューが圧倒的に売れるだろうと思っていたら、人気があるのは温かいうどんでした。1位は「肉うどん」、2位は「カレーうどん」で日本にもある温かいメニューです。3位の「ガーリックチキン　サラダうどん」はワイキキ店オリジナルの冷たいうどんで、たっぷりのサラダとにんにくを効かせた唐揚げがうどんに載っています。

天ぷらは日本以上に大人気で、天ぷらだけを頼むお客様もいらっしゃいます。天ぷらは高級店でしか味わえないと思われている中、非常にリーズナブルな価格で提供しているため抜群の人気を誇っています。調味料は塩、天つゆ、七味とうがらしといった日本の調味料のほか、チリペッパー、トンカツソース、ケチャップも用意しています。

「日本食だから、日本風に」などと硬いことを言わず、好きなように食べていただくのが丸亀製麺流。かしわ天やエビ天、アスパラ天、かぼちゃ天などをお皿に山盛りに積み上げ、ケチャップをかけて食べるお客様もいらっしゃいます。

アメリカの食べログのようなサイトでは、5つ星をつけるお客様が圧倒的に多いようです。

「これはボウルの中に表現された〝禅〟と言うべきだろう。ほんのわずかであっても食べ残す気にはなれない」「麺はコシがあってフレッシュな食感」「スープはシンプルながらも深い味わいがある。天ぷらバーは揚げ物好きの人にとっては夢のような場所」

このような絶賛するコメントが相次ぎ、それを読んだ観光客がお店に足を運ぶという好循環が続いています。

ここまで大ヒットしたのは、現地のレストランの中では価格が安いこと、また天ぷらの人気が高いという理由もあるでしょうが、**日本のおもてなし精神に感動した**という理由もあるようです。

外国人のパートナーさんたちは、「イラッシャイマセ」「ハ〜イ、ボクのかき揚げ、オイシイですよ」とつたない日本語でお客様に語りかけています。食べ終わった食器をどこに片づければいいのかわからないお客様を見たら、「お済みになりましたか？」とトレイを受け取るなど、細やかな気配りをしています。

開店する前に徹底したトレーニングを行いますが、母国語の違う相手に微妙なニュアンスを伝えるのは至難の業です。丸亀製麺には基本的なマニュアルはあっても、一人ひとりが判断しながらサービスするという点は日本も海外も変わりません。

それでも、自発的にここまでのサービスを提供できるのは、丸亀製麺の精神に共感してもらえたからではないかと思います。

その後、ハワイには2号店をつくり、２０１７年にはアメリカ本土にも上陸しました。アメリカ本土でもハワイに劣らないほどの人気ぶりです。**もし、海外1号店にハワイを選んでいなかったら、ここまで成功しなかったかもしれません。**

おそらく、日本の飲食店が初めて海外進出する場合、比較的近い中国や韓国などアジア諸国を選ぶのが主流でしょう。それを考えると、トリドールのやり方は一見無謀です。

しかし、誰も考えつかないようなことだからこそ、大成功するのです。

時には「らしくない」ことにチャレンジしてみると、組織やチームが活性化するチャンスになります。皆さんも、ぜひチャレンジしてみてください。

第３章のダイジェスト

一日中ずっと客足が途絶えないのが羽田空港店ならではの特徴です。**ピークがないからかえって強い**のです。（100ページ）

小さなムダを取り除く方法を取ることにしました。柔道でいうなら、一本勝ちを狙わず、合わせ技でポイントを稼ぐ方法です。たとえば、お客様がお店に入って注文をして料理を受け取って、席について食べてから店を出るまで、100歩歩くとします。それを70歩にすれば店全体の回転数を上げられます。（103ページ）

丸亀製麺は接客では非効率を徹底していますが、その裏側の管理では**ムダな作業を徹底的に削っています。**（106ページ）

丸亀製麺では、**物事を全員一致で決める会議はほとんどありません。**（115ページ）

粟田社長は、**「経営においては、計画性より俊敏な機動力のほうが大切」**と考えています。（126ページ）

世界中の店舗の売上ランキングで１位に輝くのは、このワイキキ店です。オープン以来、ずっと１位をキープしています。これは、社内でも予想外の大ヒットでした。（134ページ）

第4章

なぜ若手社員にいきなり大きな仕事を任せるのか

——与えて、任せて、人は育つ

手を挙げた人にチャンスを与える

世界価値観調査（２０１０〜２０１４年）によると、日本の20代の若者は世界一チャレンジしないそうです。これはかなり衝撃的な事実だと思います。

ナイジェリアやガーナ、南アフリカといった開発途上国はチャレンジする傾向が非常に高く、アメリカやドイツは中間ぐらい。日本は59カ国中最下位でした（ニューズウィーク２０１５年12月１日）。

なぜ、日本の若者はチャレンジをしないのでしょうか。

「今時の若者は失敗を恐れる」と言われていますが、実のところ、まわりの環境が失敗を許さないからチャレンジできないのではないかと思います。

栗田社長は採用の際の最終面接で、これからの会社のビジョンを熱く語ります。熱量を伝えそれに賛同する人を求めているのかもしれません。

また、その面接の際に、**「トリドールに失敗しにおいで」**と声をかけることもあります。

失敗することを容認してくれる会社。そんな会社なら、入ってみたいと思いませんか？

トリドールでは、**失敗は未然に防ぐものというより、失敗から学びを得て成長することが尊いのだという考え**が社内に行きわたっています（もちろん、同じ失敗を繰り返すのはダメですが）。

したがって、やる気や開拓精神のある社員なら、誰にでも等しくチャンスを与えます。

たとえば、ハワイの海外1号店立ち上げの際には、挙手をした社員が行きました。

海外初進出なので、社内にはノウハウがまったくありません。最初は担当者が現地でパートナーさんを採用しても、指示をまったく聞かないので困り果てたと言います。そこで現地で仕事を早く覚えた人を昇格させ、彼らから指示を出させたところ、素直に従うようになったのだとか。貴重なノウハウを手に入れることができました。

アフリカに初進出する際も、粟田社長が全社員の集まる会議の場で「海外に行きたい人」と訊いて、手を挙げた社員に任せることになりました。

その社員は手を挙げてアピールしたあと、会議が終わってすぐダッシュで粟田社長のもとへ行き、「僕にやらせてください。ケニアを僕に任せてください！」と嘆願し、その場で決まりました。

ケニアではうどんをメインにしませんでした。メインのメニューに選ばれたのは、テリヤキチキン。店の名前は「Teriyaki Japan」です。

「Teriyaki Japan」は、オープン初日から多くのお客さんが詰め掛け、3日後には、ケニアでは珍しい長蛇の列ができました。この店で意外だったのは、打ちたての麺を使った焼うどんが人気だったことです。初めはテリヤキチキンと焼うどんをセットで出していましたが、単品で注文するお客様が相次ぎ、つくるのが間に合わないほどでした。

スタートこそ好調だったTeriyaki Japanですが、その後、思うように利益を上げられず、ケニアからの撤退を余儀なくされることになりました。

出る杭は打たれるとよく言われますが、トリドールでは**出る杭のほうが歓迎されます。**経験や年齢よりもやる気を重視。だから、手を挙げた人にはどんどん大きなチャンスがめぐってきます。

自分が手を挙げるとき、まわりを見渡して躊躇《ちゅうちょ》する人は、いずれ出る杭を叩く側に回ります。

今、社会を覆っている閉塞感に負けず、どんどん手を挙げましょう。たとえ意見を採用されなくても、失敗しても、いつかそのチャレンジは実を結ぶのではないでしょうか。

いきなり任せる

私はトリドールに転職して3年目に、いきなり社長秘書に抜擢《ばってき》されました。

この**いきなりの抜擢は、トリドールでは日常茶飯事。**経験ゼロの新卒社員であっても、大舞台にすぐに乗せてしまいます。

2013年新卒1期生として入社した籾井由香里は、入社後の研修を終えるとすぐにパスタの新業態での商品開発に携わりました。

新事業の商品開発は、会社の命運を左右するとても難しい仕事。経験の浅い新入社員に任せるなんて、普通の会社なら考えられないかもしれません。たいていは既存の事業でサポート的に経験を積ませるでしょう。

しかし、何度もダメ出しされながら、彼女は見事にトマトソースを完成させました。

その後は、入社2年目の年に café 事業部へ異動。韓国でのカフェ事業1号店のオープニングサポートとして韓国へ赴任することになりました。

これも韓国での新業態の成功を占う重要な仕事です。彼女は入社時から「世界で活躍する」という夢を持っていたので、早い段階で経験を積ませたのだと思います。

入社2週間目で、新店の店長を任された新卒社員もいます。

水上晴貴は新入社員研修が終わると即店長へステップアップしました。既存店ならともかく、新店となると、パートナーさんたちも丸亀製麺の仕事は未経験の人ばかりです。しかも、20代の新米店長が親世代のパートナーさんたちに指導するなんて、自分が同じ立場なら心が折れてしまうかもしれない、とその話を聞いたときは思いました。

店舗の管理の仕方もわからず、パートナーさんへの指導は拙《つたな》く、料理も心もとない状況の中、彼は一つ一つ壁を乗り越えていき、お店を軌道に乗せることができました。

その次に任されたのが、やはりオープンしたばかりの鹿児島第1号店。ここでもやるべきことが山積みで、無我夢中で仕事に没頭したと言います。

そんな中、上司の「休める状況をつくるのも自分の仕事」という言葉を聞いて、休みはもらうものではなく自分でつくるものだと気づきました。雇われ店長から、一人の経営者として意識が変わった瞬間です。

そこから自分なりに全作業を細分化して各ポジションの役割とスケジュールをつくり、

自分がいなくても円滑に店を動かせる状況をつくりあげました。

それにしても、トリドールは、なぜ若手社員にいきなり大きな仕事を任せるのでしょうか。

ひとつひとつ丁寧に仕事を教えていく方法もあるでしょう。若い世代には、手取り足取り教えないと自分で動けるようにならない人も少なくはないと思います。

しかし、1から10まで教えていたら、いつまで経っても10教わらないと動けない可能性があります。2、3教えたら、後は任せて自分で考えながら走ってもらったほうが、伸びしろを広げられるのかもしれない。トリドールの若手社員を見ていると、そう感じます。

そもそも、トリドールは上司の指示に従う優秀なサラリーマンを育てるのではなく、自分で考えて行動できる人、そしてゆくゆくは経営者になれる人を養成したいと考えています。**たとえトリドールを辞めても、起業家としてやっていける人になってほしいのです。**

粟田社長は、「今、『世の中そんなに甘くないで』という言葉が若い人をつぶしている。『そんなことないで、甘いとこあるで』と若い人を集めたい」と語っています。

「世の中、甘くないぞ」は、若者がチャレンジするのを阻《はば》む言葉です。それは若者のためを思って言っているのではなく、相手の可能性を信じられないから言っている部分もあるのではないでしょうか。

もし、皆さんが部下に仕事を任せられないのなら、問題は部下にあるのではなく、あなた自身にあるのかもしれません。失敗を恐れない人材を育てたいのなら、まずは自分自身が部下の失敗を恐れない人物になるべきです。

そうでないと、失敗を容認する職場にはならないのではないでしょうか。

モチベーションのエンジンをつくる

丸亀製麺では、パートナー店長が活躍する店舗があります。

雇用形態としてはパートですが、店長として笑顔で店を切り盛りし、在籍する数十人のスタッフの指導にも当たります。その日の天気や気温によって、温かいもの、冷たいものなど売れそうなメニューを用意するようスタッフに指示を出します。商品が足らなくならないように、時計を見ながら「10時になるから、おむすびを準備しよう」などと声をかけるのもパートナー店長の仕事です。

常連のお客様が来店したら、「いつものかけうどん大をおつくりしてよろしいですか?」「釜揚げの大ですね」とテキパキと用意する。小さな子供を連れたお客様には、席までうどんを運んで子供用の椅子を用意するなど、細かい気配りも欠かしません。

丸亀製麺では、お客様が喜ぶことなら、店長の裁量でできることになっています。店の隅にお客様が使うための絵本やひざ掛けなどが用意されているのも、パートナーさんから生まれたアイデアです。

店長になってから、商品に対する目が以前より厳しくなったと言うスタッフもいます。うどん、天ぷら、おむすび、いなり寿司など、常に出来具合をチェックして、お客様に一番おいしい状態で食べてもらえるように気を配っています。

「何年経ってもこの店に来たいと思ってもらえるように、地域一番店を目指したい」と皆各地で奮闘しているのです。


人は誰でも、誰かに認められたい、人の役に立ちたいという想いを抱いています。チャンスがあったらもっと自分の実力を試してみたいという気持ちもあるでしょう。

そこで、丸亀製麺では2012年からパートナーさんでも店長になれる制度をつくりました。

正社員でなくても、一定期間一つの店舗に勤務し、オペレーション能力に長《た》けた意欲のある人物で、勤務日数、時間などの条件を満たしていれば、研修や試験を受けて店長になることができます。

パートナーさんたちは調理に関しては社員以上にスキルが高い方が多いので、まったく問題はありません。しかし、マネジメントするとなるとそれとは別のスキルが必要です。

そこで、研修では部下のマネジメントやチームづくり、コミュニケーションなど、リーダーとして必須の知識を学びます。グループワークやロールプレイングを多く取り入れ、実務ですぐに役立つような内容になっています。

研修修了後も部門長との面談や実技試験を経て、採用から1年ほどでパートナースタッフ店長になることができます。

以前から、粟田社長は「店を守ってもらうのは地元の人がいい」と考えていました。顔見知りの店長がいる店には、近所の人が足しげく通ってくれます。店長として長く勤めるには、地元を知り尽くしているパートナーさんが適しているのです。

パートナーさんを店長にする制度は、長崎ちゃんぽんのリンガーハットや、デニーズなどを運営するセブン＆アイ・フードシステムズなどでも導入されています。

パート店長というと、フルタイムで働くことが難しい子育て中の女性などに活躍の場が広がるというプラスの面があります。一方で、企業がコストダウンのために非正規社員に責任を押しつけ、雇用の不安定化が進むというマイナス面が語られることも多いのも事実です。

丸亀製麺では、仕事の内容は正社員もパートナーさんも、ほぼ同じ。求められる技術の水準も同じなので、正社員だから、パートナーさんだからという区別をしていません。そのせいか、この制度は現場のパートナーさんにも比較的すんなり受け入れられたのだと思います。
もちろん、パートナーさんから正社員になる道も用意されています。

けれども、正社員になると店舗の異動がありますし、複数の店舗を一人で担当する場合もあります。パートナースタッフ店長なら今のお店でそのまま働き続けられるので、お子さんのいる主婦でもチャレンジできるのです。

丸亀製麺では、正社員の店長が複数の店舗を一人で管轄することもありますので、どうしても店長不在の時間ができたり、目が行き届かない部分もあります。パートナーさんたちも、何かトラブルが起きて相談したいときに責任者がいないと、混乱してしまうこともあります。

こういった問題も、パートナースタッフ店長がいれば軽減されます。「いてほしいときにいてくれる」「何かあったときに相談しやすい」と、他のパートナーさんの定着にも役立っています。

これからの時代は正社員や非正社員にかかわらず、やる気ややりがいを感じられる職場づくりをしないと、人は定着しないのではないでしょうか。

プロフェッショナルを育てる

各店舗に配属された新人社員やパートナーさんは、製麺担当になるとうどんのつくり方を一から教わります。

うどんはシンプルなだけに繊細。丸亀製麺では、小麦粉、塩、水の分量はその日の気温などに合わせて細かく調整されています。

配合以外は製麺機でやっているとはいえ、麺匠の藤本さんは妥協を許しません。製麺担当者には、小麦粉の袋の開け方や、空になった袋の扱い方まで、基本的なことから丁寧に教えます。よく、お菓子づくりは計量が大事と言われますが、うどんづくりも同じです。一袋12・5キロの小麦粉に対して、塩と水をきっちり計量し、塩と小麦粉は〝一粒〟まで、水は〝一滴〟まで、きっちり入れるのが大事なのだと、藤本さんは考えているのです。

一粒、一滴で味は変わらないだろうと言う人もいますが、そこはマインドの問題。**いい**

加減なやり方ではおいしいうどんはできません。単に作業としてこなすのではなく、うどんとの向き合い方まで藤本さんは伝えているのです。

藤本さんいわく、**うどんづくりで一番大切なことは「おいしいうどんをお客様に食べてもらいたい」という思い。**丁寧につくればおいしくなるし、荒っぽくつくればまずくなります。つくり手の作業のひとつひとつが味に現れます。

セントラルキッチンでつくった料理を提供するチェーン店では、そこまで気を遣わなくても均一な品質のものを出せますが、丸亀製麺は店舗ごとに人の手で製麺しているので、どうしても味のばらつきが出てしまいます。

そのばらつきを減らし、よりおいしいうどんを提供するために考えたのが、第1章でもご説明した、２０１７年からスタートした**「麺職人制度」**です。

運がよければ、丸亀製麺に行ったとき、紺色の襟がついたユニフォームに紺色の帽子を被った「麺職人」に会えるかもしれません。「麺職人」とは、全国の製麺担当者の中でも、とくに厳しいトレーニングを積んで丸亀製麺が目指すコシのあるおいしい麺を打つための技術を習得した製麺マスターです。

麺職人がいる店には「当店の『麺職人』は○○です。こだわりのうどんをお楽しみください」と書かれた看板が掲げられているので、ユニフォームの意味を知らないお客様でも

「どんなおいしいうどんが食べられるのかな？」とワクワク感が高まります。
麺職人になるには、小麦粉や塩、水に関する知識から、おいしいうどんができるメカニズム、うどんづくりに欠かせない人の手で調整する感覚、茹で加減や茹で上がった麺の締め方など、うどんに関するあらゆることを習得してもらいます。

パートナー歴3年の石田義信さんは、元々はデスクワークをしていて飲食業は未経験でした。50代で丸亀製麺に入社して、うどんの奥深さに魅せられ麺職人になることを決意した一人です。

麺職人になってから、常連のお客様から「制服変わった？」と声をかけられ、いっそう気持ちが引き締まり、もっとおいしいうどんをお客様に食べてほしいと思ったそうです。

石田さんが今まで以上の品質にするために工夫しているのが、茹で時間。マニュアルより少し長く茹でることで「モチモチ感」をより際立たせているそうです。

このように、自分なりのうどんを極めていくのが麺職人の醍醐味《だいごみ》といえるでしょう。単なる製麺担当から一歩も二歩も抜きんでて、プロフェッショナルの域に足を踏み入れるのが麺職人の目指すところです。

このように**プロフェッショナルを目指す環境を整えるのも、働く人のモチベーションを高めるために有効な手段です。**

プロフェッショナルというと、研究職やプログラマーといった専門職の人に限定されるイメージがありますが、**どんな仕事でもプロの領域を目指すことはできます。**

コーヒーショップチェーン、スターバックスの「ブラックエプロンバリスタ」はその代表例です。スターバックスには、普通のスタッフが着けているグリーンのエプロンではなく、ブラックのエプロンを着けた「ブラックエプロンバリスタ」と呼ばれるスタッフがいます。コーヒーの専門知識を持ち、「コーヒーマスター」の認定を受けた特別なスタッフで、スタッフの間でも憧れの存在なのだといわれています。

どんなにその仕事に満足していても、長く続けているとどうしても飽きてきて、惰性で作業をこなすようになってしまいます。その対策には、何らかの目標やゴールを組織やチーム側がつくり、高みを目指せる環境を整えるのが一番だと思います。

お客様にとっても従業員にとってもお店や会社にとっても付加価値が生まれるような制度をつくれれば、会社も従業員も共に進化していけるのではないでしょうか。

ほめて、ほめられることで、モチベーションは上がる

どうすれば、働く楽しさやモチベーションを維持できるのか。

これはどの企業にとっても、ビジネスマンにとっても、永遠の課題でしょう。

前項でもお話ししたように、どんな仕事でも長く続けているとマンネリ化し、モチベーションが落ちてくるものです。

丸亀製麺でもそれは例外ではなく、最初はやる気に燃えていたパートナーさんが、働き続けているうちに流れ作業的に仕事をこなすようになることがありました。パートナーさんの士気が下がると、お店の活気がなくなるので、丸亀製麺にとっては死活問題です。

昇給や賞与の制度も設けていますが、**人はお金だけで働く意欲が持続するわけではありません。**

そこで考えたのが「ほめたつ」、**ほめる達人**という制度です。

この制度はトリドールジャパン（２０１７年設立。丸亀製麺をはじめとした国内の店舗を

運営するトリドールホールディングスの子会社）の社長である恩田和樹が考えました。

たとえば、パートナーさんが天ぷらを取ろうとしたお客様に、「後3秒で揚げたてをお出しできますよ」と声をかけたとします。そばで見ていた店長が、「今の声のかけ方、よかったよ」とすかさずほめるのは、人材育成の基本。ただ、それだけではほめられた喜びはすぐに消えてしまうかもしれません。

この制度では、釜、製麺、天ぷら、おむすび、湯煎、レジ、洗い場、ホールと、それぞれの担当ごとにほめるチェック項目を定めています。その項目ごとにポイント数が決めてあります。

どの担当者にも共通しているのは、「一人一人に挨拶！　商売の基本ができてます」という項目。これは1ポイントです。

それ以外は、釜の担当なら「茹でたてが一番うまい！　その思いがお客様に届いていました（3ポイント）」「見せる技術で、お客様はあなたの技術力の虜《とりこ》です（3ポイント）」「新商品の味見をおすすめ！　これぞ、真のおすすめ!!（5ポイント）」といった、全部で12個の項目があります。

パートナーさんが実践していてほめたい項目があったなら、店長（他のパートナーさんも）はｉＰａｄの「ほめたつ」のアイコンをクリックし、パートナーさんの名前を入力して該当する項目にチェックを入れます。さらに、「混雑時にも茹でたてのうどんを滞りなく出していました。その手さばきは最高でした」のようにコメントを書き込む欄がありま す。このコメントは、ほめられた本人も自分のｉＰａｄで読めます。

そして、たくさんほめてもらってポイントがたまったら、１万４０００アイテムの中から好きな賞品をもらえます。ハウステンボスに２名で１泊できるクーポンや炊飯器、体重計、ニンテンドーＤＳや松阪牛のすき焼き用肉など、ラインナップは多彩です。

この制度の狙いは、**ほめあう文化をつくる**ということ。

店長↓パートナーさんだけではなく、パートナーさん同士、パートナーさん↓店長と、あらゆる関係で互いに認めあえるようになると、「ここでずっと働きたい」というモチベーションになります。お店の雰囲気が明るくなり、それが組織の活性化につながるのです。

とはいえ、「賞品をもらうために、ほめてもらう行動をとるのはいかがなものか」と疑問を持つ方もいらっしゃるかもしれません。

ただ「お客様に感動してもらおう」と言葉で伝えるだけでは限界があります。

どのような行動をとったらお客様に喜んでもらえて、かつお店のためにもなるのかは、なかなかわからないでしょう。目に見える形で、「この行動をとったら評価してもらえる」

とわかれば、継続してその行動をとろうという意欲がわいてきます。

さらに、会社としてもパートナーさんの貢献に応えなくてはなりません。給料は働いた時間への対価なので、別のインセンティブ（報奨）が必要になります。報奨金を渡すより、自分の行動がそのつど評価されたほうが、やる気は出るのではないか。そう考えて、ポイントに応じた商品を渡すという方法にしました。

パートナーさんとしても、小さな行動を評価してもらえたら、「もっとお客様のためになることをしよう」という意識になるでしょう。それがお客様の感動につながりますし、本人のモチベーションにもなります。

人間は誰しもほめられたいものです。でもそれは単に上司に気に入られてほめられるということではなく、「お客様のよろこびのため」になる行動がベースにあることが大切なのです。

もちろん、ポイントをもらうために過剰なサービスをするようになったら困ります。

それを防ぐために、毎月店舗ごとに「今月はお客様に喜んでもらうために何をするか」という目標を考えて、**ほめるポイントを絞り込みます。**それに沿って、「お客様のことをしっかり見て気づきましたね。視野の広さが抜群！」という項目をつくってもＯＫ。承認しあうことが大事なので、自由にほめあう環境をつくれればいいと考えています。

教えることで成長する

麺匠の藤本さんは、丸亀製麺に入社した社員やパートナーさんに、最初に3つのことを教えています。

1、人のせいにしない

周りの人や環境のせいにすると、自分を産んでくれた親まで恨むようになってしまいます。自分の周りで起こっていることは、すべては自分が源です。

人に影響を受けるだけではなく、影響を与える人間になってください。

2、自分にウソをつかない

人にウソをつくと信頼されなくなりますが、自分にウソをつくのも同じことです。自分にウソをついていると、自分への信頼、つまり自信がなくなってしまいます。

3、人に感謝する

感謝は正しい表現で、相手にわかるように気持ちを込めて伝えること。感謝の気持ちを持つのは大事ですが、もっと大事なのは感謝される人になることです。

つまり、人としてどうあるべきかを伝えているのです。

そんなことを教えなくても、うどんや天ぷらはつくれます。けれども、お客様も仲間もすべて人ですから、人との関係性を大切にしなければ仕事はうまくいきません。

さらにいうなら、仕事の場だけではなく、普段からこういった心構えを持って毎日を過ごさないと、仕事でも感謝の気持ちや自分を信じる気持ちを持てないでしょう。

丸亀製麺は**うどんをつくるだけの場ではなく、人をつくる場でもある**のです。

それをさらに進化させるために、**「人が人を教えるシステム」**をつくりました。

私自身も日頃痛感していますが、人に何かを教えようとするとき、もっとも勉強になります。相手が部下でも、自分の子供でも同じです。何かを聞かれたときにうまく答えられないと自分の理解が浅いことに気づき、次は教えられるようにと学び直します。それがさらに自分の理解を深めていくことになるのでしょう。

今までも丸亀製麺では店長や先輩パートナーさんが新人さんに教えていました。ただ、それだと日によって教える人が違ったり、微妙に教える内容が違ったり、また、人手が足りない店舗では教えてくれる人がいなかったりで、うまく機能していませんでした。

そこでつくったのが**「トレーナー検定」**という制度です。

トレーナーに認定されると、時給がアップし、実際に新人さんのトレーニングを行うと手当が支給される仕組みになっています。現在、1店舗に最低4人のトレーナーを配置するという目標に向かって、さまざまな世代のトレーナーを育成しているところです。

トレーナーになるには資格取得プログラムを受講し、オペレーションやトレーニングの筆記と実技のテストを受けて合格しなければなりません。

このトレーナー検定は知識と技術があれば誰でも受けられるので、学生でもトレーナーになることができます。

最近は高校生のパートナーさんも増えていて、包丁を握ったこともないという方や、敬語が苦手という方が少なくありません。たとえば19歳のベテランパートナーさんが新人の高校生の教育をすれば、どこで苦労するかが実感としてわかりますから、自分の親くらいの年齢のパートナーさんが教えるより親身になれるという部分もあるでしょう。

丸亀製麺の場合、40代、50代のパートナーさんが多いので、同世代以外の人と話すのに慣れていない10代の若者としては、少し違和感を覚えるかもしれません。ベテランパートナーさんは経験は豊富ですがそれなりにプライドも高いので、つい「そんなんじゃダメ！」と厳しく指導する場面もあります。叱られるのに慣れていない若者は、ショックが大きくついていけないと思ってしまうこともあるでしょう。

それも、学生が学生に教えるという仕組みをつくれば解消できるのではないかと、高校生トレーナーの育成を始めました。

きっちり教えられる人をつくる、というトレーナー制度を導入したことによって、新しく入った人も孤独にならず、自分に向き合って教えてくれる人がいることで安心して働くことができます。その結果、**3カ月以内の早期離職率は激減しました。**人員の即戦力化になっただけでなく、募集費などの経費削減につながったのは言うまでもありません。

新人さんが成長して、おむすびがうまく握れるようになったり、天ぷらを上手に揚げられるようになれば、本人だけでなく、トレーナーも嬉しくなるものです。それがトレーナー自身の成長にもつながります。

そのように互いに成長しあうような環境をつくれれば、お店も会社も絶え間なく成長していけると思います。

年商1000億円企業の後継社長は35歳

2017年7月、トリドールグループに「株式会社トリドールジャパン」という新しい会社と35歳（当時）の若い社長が誕生しました。

現在、トリドールはホールディングス会社として、国内外で多くの関連会社を管理運営しています。その中で、グループ会社全体の約9割の売上を担う国内の飲食店事業、丸亀製麺や創業業態のとりどーる、コナズ珈琲などを統括、運営する部門を、新会社にして社名を変更したのです。

トリドールホールディングス全体の連結売上高は1165億400万円（2018年3月期）。そのうち1000億をトリドールジャパンが占めています。

そのトリドールジャパンの社長が、35歳の恩田和樹。粟田社長がトリドールグループの屋台骨として育ててきた国内事業の後継者となったわけです。

恩田は、私より年齢は10歳若いのですが、会社に入ったのは彼のほうが先です。店長から叩き上げでエリアマネージャーになり、その後、本社へ転属となり課長、部長から営業本部長とトントン拍子に昇進し、ついに社長になりました。超スピード出世です。

彼は発想力が豊かなアイデアマンで、第3章で紹介したトークノートやお店でiＰａｄを使ったマネジメントシステムを導入するなど、さまざまな改革を実現してきました。

彼は、ただ単にアイデアマンというのではなく、常にお客様の立場に立った視点で、かつ理にかなったロジックをしっかり持っているのです。

「若い社長に代替わりして、会社は大丈夫なの？」などと聞かれることもありますが、彼に実力があるのは社内の誰もが認めるところなので、若いから不安ということは一切ありません。

帝国データバンクの企業概要データベース「ＣＯＳＭＯＳ２」によれば、上場企業の社長の平均年齢は58・9歳（２０１８年1月末）。近年、ＩＴ業界の若い社長は珍しくなくなりましたが、飲食チェーンの社長が35歳というのは異例です。トリドールには年功序列という概念は１ミリもないのです。

私と恩田は、これまでも一緒に仕事をしてきました。やはり、私にはない才能を持っているので、非常にリスペクトしています。

粟田社長は、「今までは自分で企業を大きくしたいという思いがあってやってきたけれど、仕事を通じて仲間が増えてきたので、今後は経営者として一緒に成長していける仲間を増やしていきたいという発想に変わってきた」と話しています。

さらに、「経営者は自分の世界観だけで事業をとらえてはいけない。**人も事業も成長のためにはいい意味での『想定外』が必要だ**」とも言っています。想定外をつくりだすためにも、若者にチャンスをどんどん与えているのでしょう。

そもそも年功序列を重んじている時点で、世界からは周回遅れになってしまいます。海外では年齢を問わず、実力主義が当たり前。海外で渡り合うためには、実力主義にシフトしていかざるを得ないのです。

「こんなことがしたい」「今後、これが面白くなる」という発想は、若くて優秀な人から出してもらったほうがいい。最後に責任を取るのがホールディングスの社長の仕事というのが、栗田社長の考えです。

もちろん、栗田社長は引退するのではなく、ホールディングスの代表として、グループ全体を見守る立場になりました。

社員にとっては、努力や苦労が報われるチャンスがゴロゴロ転がっています。こういう社風も魅力の一つではないでしょうか。

本場を知る讃岐研修

香川県は日本で一番面積が小さい県ですが、うどん店は高松から西讃《せいさん》と呼ばれる県の西側まで680軒。有名うどん店もたくさんあります。

通常の飲食店と同じように、席に着くとスタッフが注文をとりにくる店もあれば、お店に入ったらすぐに注文して精算して、席まで自分で運ぶセルフタイプの店、うどんの麺を生産している工場の一角で、出来たてのうどんを食べさせてくれる製麺所もあります。

セルフタイプの店の中には、うどん玉の入ったどんぶりを受け取り、自分で麺を温めて出汁をかけるところもあり、「そこまでセルフなの!?」と初めて訪れた人は戸惑います。お店は近所に住んでいる人がぶらりと立ち寄る、とてもアットホームな雰囲気です。

そんな本場の讃岐うどん店の空気感や、本場のうどんの味を確かめるために、丸亀製麺には「讃岐研修」があります。もともとは、丸亀製麺創業時の社員たちが本場の讃岐うどんを勉強するために現地へ行ってうどんを食べていたのが始まりで、それを社員研修にしようということになりました。

和食の板前さんが京都で本場の京料理を食べたり、フランス料理のコックさんが本場の料理を食べにフランスへ行ったりするのと同じように、讃岐うどんで商売をするなら、やはり本場を体験するのが一番です。

讃岐研修の日は、早朝香川県に入り、マップを見ながら事前に調べておいたうどん店を巡ります。**１日半から２日かけて、だいたい十数軒のお店を巡り、うどんをひたすら食べまくって、うどん漬けになります。**

食べているうちに、だんだんとお腹もいっぱいになり、いくらおいしいうどんとはいえ何軒も回るのは大変です。おそらく、「人生でこんなにうどんを食べたことはない」という２日間をみんな体験します。それでも、研修後はレポートを書くことになっているので、みんな真剣にまわります。

人気店では行列に並び、ほかのお客様と話をしながら順番を待ってお店に入ると、中は人でぎっしりです。大きな釜から立ち込めた湯気、茹でたてのうどんをすする音、お店のおじちゃん、おばちゃんとの会話。そういったお店に行かないと体験できない躍動感を味わうと、「自分もこんなお店をつくりたい」という気になります。

肝心のうどんも、店ごとにさまざまな麺と出汁があり、「百店百様」の個性があります。

さっぱりした出汁とうまくからみあっているかけうどん。
噛み切れないぐらいにコシのあるしょうゆうどん。
ラーメンのつけ麺のように熱い出汁に冷たい麺をつけて食べる肉汁つけ麺。
店ごとに看板メニューも異なります。そこから自分なりの好みを見つけるのも楽しみのひとつです。

丸亀製麺は、チェーン店であっても「百店百様」でありたいと考えているので、求めているお店の雰囲気を隅々から感じ取ってほしいと考えています。

閉店間際のお店に滑り込んだにもかかわらず、お店の人に温かく迎えてもらったり、うどん巡りをしていると話したら「がんばって！」と声をかけられたりするのも、本場ならでは。日本一うどんを食べる県だけに、香川の人は皆うどんに対してなみなみならぬ愛情を持っていますから、その情熱を感じるのも貴重な経験です。

百聞は一見にしかず。**うどんに関する知識なら座学でも学べますが、丸亀製麺が目指しているのはお客様に感動していただくこと。そのためには、自分も感動を味わわないと実践できないでしょう。**

讃岐研修は、丸亀製麺の中にあるＤＮＡのようなものを社員に知ってもらう大事な研修です。

入社式はハワイで⁉

丸亀製麺を運営するトリドールジャパンの求人情報には「パスポートが必要です」と書かれています。

トリドールジャパンでは２０１６年４月の入社式をハワイで行いました。２０１７年は台湾、２０１８年は香港・マカオと、３年連続で、海外での入社式を続けています。

だから、新入社員にはパスポートが必須。「採用が決まったら、入社式に出るためにパスポートを用意しておいてください」というアナウンスをします。

最初の年はハワイの海を背景に、トロピカルなドリンクを手に持った白いビキニの女性の写真に、「入社式はハワイでやります」と書かれた企業広告が日経新聞の一面に出ました。そのときは「採用バブルの再来か？」と話題になりました。

景気に左右されると言われる新卒採用ですが、外食産業が学生の就職人気ランキングの上位になることはほとんどありません。会社説明会の回数を増やし、トリドールの成長戦略や飲食業の魅力などを丁寧に伝えるようにしていますが、学生の間での認知度はまだまだ上がっていません。

ハワイで入社式を開く理由について、粟田社長は**「世界に通用する会社という大きな目標を長々と文章で表現するより、海外初出店となったハワイで入社式をすることでメッセージを発したほうがいい」**と語っています。

みんなが判で押したようなフレッシャーズスーツを着て、社長の話をマジメに聞く。そんな入社式、楽しいと思いますか？

新入社員にその会社で働くことをワクワクしてもらうためにも、大がかりな仕掛けをつくるのはいいことだと思います。

トリドールと丸亀製麺のビジネスを語るうえで、臨場感や躍動感といったエンタテインメント性は重要なキーワードの一つですが、その精神は採用にも表れています。

話題になったことで、学生の中には「トリドールは知らないけど、ハワイで入社式をするなら」と興味を持ってくれた方もいたようです。採用に関する問い合わせも増えていますから、トリドールのメッセージを受け取り、何かを感じてくれた学生もいたのではないかと思います。

大きな話題を集めた、日本経済新聞の広告

入社式には、新入社員全員と社長、役員、営業部の部長をはじめたくさんの人が出席します。現在、新入社員は年々増えて、200人に近づいていますから、移動はかなりの大人数です。

もちろん、遊びに行くのが目的ではありません。**訪れた先では数日間滞在して、入社式のほか、海外店舗の見学、ホテルでの研修などを行います。**

2018年の入社式は、マカオのランドマークであるマカオタワーで開催されました。新入社員は堅苦しいスーツではなく、色とりどりの会社オリジナルのTシャツで参加しました。粟田社長もTシャツ姿。式典後のレセプションでは、プール付きのテラスにDJブースが設置され、みんなで盛り上がりました。

新入社員を甘やかしすぎじゃないか、と思いますか？

いいんです、トリドールの社是は「世の中、甘いところもあるで！」なんですから（ウソです）。

香港には丸亀製麺の海外店舗の中でも売上が好調な店が複数あります。このときの研修では実際にお店を訪問して、海外店舗の雰囲気に触れてもらいました。

今の新卒社員には海外志向の強い社員が大勢います。いつか、自分も海外で働く姿を実感してもらうためにも、海外店の視察は欠かせません。

ここ数年、新卒採用は「売り手市場」と言われていますから、優秀な人材を確保するのは簡単ではありませんが、柔軟な発想とあっと驚くような斬新なアイデアで人を集めたいと考えています。

将来は、新入社員の中から会社のコアになる人材が出てくるでしょう。だから、入社直後から「すべてはお客様のよろこびのために。」というトリドールの精神をしっかりと行き渡らせる研修にも力を入れています。そこで未来への可能性を感じて、将来の夢を思い描くきっかけになったら最高です。

今のところ、海外での入社式はトリドールが目指すワールドワイドな飲食ビジネスの姿を知ってもらう、最もふさわしい形ではないかと思います。

すべては〝現場〟で起きている

人気ドラマ「踊る大捜査線」の映画版の中に、「事件は会議室で起きてるんじゃない。現場で起きてるんだ！」というう有名なセリフがあります。

丸亀製麺の進化も、会議室ではなく常に現場で起きています。

この現場の声を、いち早く取り入れるために、トリドールには**「トリいれーる」**という仕組みがあります。

・ごぼ天を地域限定で販売
・お子様連れが多い土日に、ウインナーなどの天ぷらの種類を増やす
・お店のお皿を自分たちで選ぶ
・コーヒーお代わりサービスを始める
・出入り口に滑り止めをつける
・生姜の皮剥《む》きに、皮剥き用グローブを採用

これらはすべて丸亀製麺とカフェの店舗で、パートナーさんから提案されたアイデアが採用された例です。

提案は、正社員でも、パートナーさんでも、自由にできます。「ほめたつ」と同じようにｉＰａｄのアプリで申請するシステムで、メニューのアイデアのほか、作業のよりよいやり方やお店の改善点、おススメの道具を投稿できるようになっています。

パートナーさんには、毎日家庭で料理をしている主婦の方が多いので、本部の人間が知らないような地元の旬の食材や調理法を知っていて、新メニューのアイデアが豊富です。曜日や時間帯によって、サラリーマンのお客様が多い、お子様連れの家族のお客様が多い、年配のお客様が多いなど、その店舗で、いつ、どんな商品がよく売れるのかも知っています。

ごぼ天の他にも、沖縄のゴーヤかき揚げ、もずくの天ぷらなど地元の食材を使った地域限定メニューなど、店舗限定のメニューにもパートナーさんの提案がいくつも採用されています。

北海道の店舗では、冬になると出入り口が凍結して滑りやすくなるため、滑り止めを設置してほしいという提案がありました。そのような細かい点は、本部にいる人間ではなかなか気づくことができません。パートナーさんから提案してもらうことで、より働きやすく、お客様には喜んでもらえる店づくりが可能になります。

今までで、もっとも効果的だったといわれている業務改善のアイデアは、生姜の皮剝きに皮剝きグローブを採用したことです。（巻頭の3択クイズ第4問の正解は2です）

丸亀製麺のおろし生姜は、スタッフが毎日お店でおろしていますが、おろす前に皮を剝かなければなりません。皮剝きグローブを採用する前は、包丁やスプーンを使って皮を剝いていたのですが、生姜は一つ一つ形が違うし、表面がデコボコしているので、慣れた人でも時間がかかっていました。それが皮剝きグローブを使うようになってからは誰でも短時間できれいに剝くことができるようになりました。

すべての店舗で短縮できるようになった時間を仮にお金に換算すると、数億円に上ると考えられます。

アイデアを提案するにあたっては、コストやオペレーション方法などを考えなくてもいいことになっています。「こんなメニューがあったらいいな」「こんなことができたらいいな」という思いつきで構いません。本部に集められたアイデアは、実現可能か、採用するべきかを担当部署で判断し、決裁が取れれば実現に結びつきます。

組織でも個人でも、**一番モチベーションを下げるのは、相手に「何を言っても聞いても**

らえない」と思わせてしまうことです。

せっかくアイデアを思いついても、「前例がない」「そんなの、うちの会社ではムリだよ」と却下され続けていたら、誰も何も言わなくなります。**実現するかどうかは別として、アイデアを吸い上げるシステムをつくることが、まず大事です。**

アイデアを提案するだけで「店舗の運営に参加している」という意識が高まりますし、採用されたら「これは自分のアイデアだ」と自信も生まれるでしょう。それが長く働きたいと思うモチベーションになります。

自分のアイデアを聞いてもらえたら、「店をもっとよくしたい」という気持ちが強くなり、能動的に仕事に取り組めるようになります。これも人を育てる仕組みの一つなのです。

第 4 章のダイジェスト

いきなりの抜擢は、トリドールでは日常茶飯事。**経験ゼロの新卒社員であっても、大舞台にすぐに乗せてしまいます**。（143 ページ）

どんなにその仕事に満足していても、長く続けているとどうしても飽きてきて、惰性で作業をこなすようになってしまいます。その対策には、**何らかの目標やゴールを組織やチーム側がつくり、高みを目指せる環境を整える**のが一番だと思います。（154 ページ）

人間は誰しもほめられたいものです。でもそれは単に上司に気に入られてほめられるということではなく、**「お客様のよろこびのため」になる行動がベースにあること**が大切なのです。（158 ページ）

きっちり教えられる人をつくる、というトレーナー制度を導入したことによって、新しく入った人も孤独にならず、**自分に向き合って教えてくれる人がいることで安心して働くことができます**。その結果、3カ月以内の早期離職率は激減しました。（162 ページ）

「世界に通用する会社という大きな目標を長々と文章で表現するより、**海外初出店となったハワイで入社式をすることでメッセージを発したほうがいい**」
（170 ページ）

第5章

なぜ1週間のアメリカ視察で40食以上食べたのか

―― 成長企業のトップはここが違う

初めて会った日の忘れられない会話

私は粟田社長に初めて会った日を、まるで昨日のことのように覚えています。

面談で私の前に座っている粟田社長は終始笑顔を絶やさず、私の履歴書や職務経歴書を見ながら「涙なしでは見られへんなぁ」と言ったのです。

私はかつて、先輩と一緒に起業に参画しましたがうまくいかず、負債を背負った経験があるのですが、その苦労を一瞬で見抜いたのでしょう。粟田社長自身が起業してから苦労されてきたので、他人事《ひとごと》とは思えなかったのかもしれません。

さらに、次に移った会社も業績がよくなく資金を集めるのに必死だったと話すと、「うちは、給料の心配はせんでええから」と言ってくださいました。

当時は丸亀製麺が勢いに乗り、トリドールが急成長していたときです。小さな焼き鳥屋から上場企業に一代で築き上げた創業者ですから、ソフトバンクの孫正義《そんまさよし》社長やユニクロの柳井正《やないただし》社長のようなキレキレのカリスマタイプか、「オレについてこい」というワンマンタイプなのかと、粟田社長のことを勝手にイメージしていました。

ところが、実際は少しも偉ぶったところがなく、私が今まで会ってきたどの経営者よりも温厚で腰が低い。企業のリーダーはグイグイと人を引っ張っていく強いリーダーシップを持っていないといけないと思っていた私にとって、まさに目からウロコの体験でした。

粟田社長は、取材などの際「自分は小心者だ」と話しています。それこそ小心者の私から見ると「そうかな？」とも思うのですが、この章ではそういう前提でお話しします（笑）。

１００倍の目標を掲げる

小心者だからこそ、大胆さを持ち合わせていないといけない。

だからこそ、粟田社長は１００倍の目標を掲げて公言することを自分に課しています。

トリドール三番館を開店したときは、「3店舗は開きたい」という小さな目標でしたが、当時の粟田社長にとっては最初の一店さえうまくいくかわからない状況でした。感覚としては、１００倍の目標だったに違いありません。

私が入社して間もなく海外に初進出したのですが、その直後から「タイに5年間で30店舗をつくる」「中国で3年以内に１００店舗を目指す」と次々に発表しています。

粟田社長は常に１００倍の目標を掲げて、それを世の中に公表することで、さらなる高みを目指しているのです。

アメリカは１９６１年、ソ連に有人宇宙飛行で先を越されました。そのとき、アメリカ大統領のジョン・Ｆ・ケネディは「今後10年以内に人間を月に着陸させ、安全に地球に帰還させる」という実現不可能に思える目標を表明しています。

この演説によって、「アポロ計画」は本格的に始動しました。

その後、３名の宇宙飛行士が命を失うなどのさまざまな困難や苦労を乗り越えて、１９６９年7月16日、アポロ11号は世界で初めて有人月面着陸を成功させます。１００倍どころではない目標を見事達成しました。

しかし、高すぎる目標を掲げると、達成するには茨《いばら》の道を歩まなければなりません。途中で「ここまでできたから、もういいか」と妥協する心も生まれるでしょう。

栗田社長も、常にそんな自分の弱さと戦っていると言います。

「心が折れそうになるときもあるし、考え出すと負のスパイラルに陥って、夜眠れなくなることもある」と話されていたこともあります。

そんな自分を奮い立たせるために、あえてまわりに目標を話しているそうです。

公言すると引くに引けない状況になるので、目標に向かって突き進むしかなくなります。弱さを自覚しているからこそ、そうやって自分で自分の背中を強引に押しているのかもしれません。

そして、**公言すれば賛同する人が出てきます。**一緒に走ってくれる仲間が増えれば、やりぬく勇気がわいてきます。

35歳の恩田を丸亀製麺の社長に抜擢《ばってき》したように、粟田社長は自分が先頭を走っていくというより、一緒に走ってくれる仲間を探しているのだと感じます。成功する秘訣はそこにあるのかもしれません。

ただし、あまりに高すぎる目標を公言すると、時には受け入れられないこともあります。

粟田社長も「一部上場企業になる」と話したときは、丸亀製麺で成功する前だったので、社員はみんな「えっ?」という感じで、まともに話を聞いてくれなかったそうです。それでも言い続けていると、まわりもそういう気になっていくのでしょう。会社の底力がついた段階で公言通り上場を果たしました。

大風呂敷は広げないと意味がない

栗田社長が100倍の目標を掲げる理由は、もう一つあります。

それは、慢心しないため。

栗田社長は**「人は何かを成し遂げたと思った瞬間、守りに入ってしまう。自分の地位や名声を守ることを考えたら、それより上にはいけない。だから、うまくいっているときにも慢心しないように高い目標を持つことが大事なんだ」**と言っています。

これは簡単なようでいて、非常に難しいことです。人は、自分が慢心していることには気づきません。たいてい大失敗をして落ちるところまで落ちて、慢心していたのだと悟ります。

栗田社長は**自分の弱さを知っているからこそ、弱い自分を常に奮い立たせている**のだと思います。

そんな栗田社長は、2015年ごろから「2025年度には世界6000店舗、売上5

000億円を達成する」という次の目標を掲げています。

最初聞いたときは、「すごく大きな目標だな」とも思いましたが、今では私も実現できると信じています。

「2025年度6000店、売上5000億円」という数字は、朝礼や会議などでもことあるごとに話されますし、リリースや記事などでも目にする機会が増えました。

最初はとてつもなく大きな目標だと感じても、いつしか社員一人ひとりに浸透し、「いけるかもしれない」「達成できるに違いない」という想いに変わっていくのだと思います。

大風呂敷も畳んだままでは何の意味もありません。大きく広げてこそ初めて、すべてを包み込み、みんなの役に立つことができるのです。

ネットの情報はリアルの体験には敵《かな》わない

これからどんな商品が売れるのか、どんなお店が流行るのか、どうすれば成功できるのか。これらの疑問に対するヒントを見つけるには、成功例を観察するのが近道です。よほどの天才でもないかぎり、ただ漠然と考えるだけで、すぐれたアイデアなど湧いてくるものではないでしょう。

栗田社長はビジネスのフィールドを世界に広げてから、世界中を飛び回る日々を送っています。そのため日本に滞在している時間は以前より少なくなっているのですが、それでも忙しい仕事の合間を縫って、国内の飲食店のリサーチを欠かしません。

行列ができているところ、流行っている店には直接足を運びます。街を歩いていても行列を見つければ、すかさずチェックしています。

それは海外においても同様です。以前、栗田社長がアメリカ視察に行かれたときには、1週間で40食くらい食べたと聞きました。7日間で3食食べるだけで21食。朝はモーニングの店、昼はランチで流行っている店、夜はディナーの人気店、その合間にもカフェやファストフードなど、胃が休む間もなく食べ歩いていたということでしょう。滞在中に「すごいお店がある」という噂を聞きつけて、フライトスケジュールを変更してまで足を運んだこともあるそうです。

そうまでして実際にお店を訪れているのは、グルメだからではありません。**ネットでは得られないリアルな情報を得る**ために足を運んでいるのです。

粟田社長の信条は、**「成功の理由は、街場の繁盛店が教えてくれる」**。

行列ができている、流行っているお店には必ずビジネスのヒントがあります。

いつも行列ができるお肉屋さんのコロッケはいい材料を使っているのに値段が安い。若い女性が集まるごはん屋さんはインスタ映えを狙っている。そういった理由もあるでしょう。パクチー専門店はパクチーに特化しているのが珍しくて人気がありますし、1日150本限定の幻の羊羹《ようかん》を求めて、40年以上行列が途絶えない和菓子屋さんもあります。

お客様は正直なので、**心を動かされる何らかの理由があるから、行列しているのです。**しかし、何に心動かされるのかは、自分で並んで食べてみないとわかりません。自分の目で見て、耳で聞いて、舌で味わってそれを確かめるために、粟田社長は足しげく繁盛店をリサーチしているのだと思います。

栗田社長は、デパートの地下食品売り場もよく覗いています。

ファッションフロアはガラガラでも、たいていどこもデパ地下はにぎわっています。老舗《しにせ》のお店も入っていれば、最近できたばかりのお店もありますし、デパ地下限定のメニューもあり、各店の戦略が如実に表れています。

そこでも、行列ができるお店と、そうでないお店がある。その違いは実際に見てみないとわかりません。

ただし、何となく行ってみるだけでは意味がありません。

栗田社長はそのお店の料理を味わうだけではなく、それを食べているお客様の様子や店のスタッフの様子、使っている食器、お店のレイアウトなど、ありとあらゆるものをチェックしています。

丸亀製麺では、大きなテーブル席は真ん中に間仕切りがあって、向かいに座っている方の手元しか見えないようになっています。対面で座っている方の顔が見えると心理的に落ち着かないので、間仕切り自体はほかの飲食店でもよく採用しているでしょう。全部隠すのではなく、手元が開いているのが丸亀製麺のミソです。

すべてを隠すと圧迫感が生まれて孤食の感じがします。相手の顔は見えないほうがいいけれども、人とのつながりを感じられる絶妙な間仕切りです。

こういう発想も、あちこちのお店を見て歩くことで、思いつくのです。

仕事での経験が増えれば増えるほど、人は経験則に頼ってしまいがちです。そうなると保守的になり、新しいものを受け入れられなくなります。

だから、**常に最新の情報を仕入れて、柔軟な発想を持ち続ける努力が必要**なのだと、栗田社長を見ていると感じます。

「ありがとう」をすぐに言える人は強い

皆さんは今日、「ありがとう」と何回言いましたか？

とくに家族や友人、同僚や部下に「ありがとう」と言っていますか。

粟田社長は、「ありがとう」「ごめんなさい」が自然に言える方です。

たとえば、私が相談や提案をするために社長室を訪ねると、話が終わったら、「ご苦労さん」とねぎらい、その後に必ず「ありがとう」と言います。私が社長室を出ようとすると、もう一度「ありがとう」と一言。私から相談しているのに、いつも粟田社長がお礼を言うのです。

また、自分が勘違いしたときなどは「ああ、ごめん、ごめん。見間違ってたわ」などとすぐに謝ります。

「ありがとう」「ごめんなさい」を言うのは当たり前のようですが、社会的な立場が上になると、なかなか言いづらくなるのではないでしょうか。

すべては「ありがとう」から始まった

栗田社長は1961年に兵庫県の神戸《こうべ》市で生まれました。2歳上のお兄さんとの4人家族で、父親は警察官。父親は香川県の丸亀市出身で、小さいころは毎年のように香川に遊びに行っていたそうです。

中学一年のときに父親が亡くなり、生活が一変しました。母親が切り盛りし生活を支える中、給料日に近所の食堂で3人で食事するのが、一番の楽しみだったそうです。

それでも高校には通いたいと、兄弟で奨学金をもらいに行政の窓口に通ったといいます。子供心に「生きていくのは大変だな」「働くって大変だな」と感じ、「不自由のない暮らしを送りたい」という思いも募っていきました。

そんな環境で育ったら、ともすると生活が荒《すさ》んで、悪い仲間とつるんで不良になるというのはよく聞く話です。しかし、栗田社長は中学ではスポーツに打ち込み、生徒会長も務めるなど、真っ当な道を歩みました。まわりからも頼られるような存在だったようです。

そして高校に入ると、家計を支えるため、工場や建設現場で日雇いのアルバイトをはじめました。ここで粟田社長は貴重な体験をします。たとえば、工場で流れ作業をしていて「もう1時間経ったかな」と時計を見ると、まだ30分も経っていない。時計が壊れているのかと思うくらいです。お金のためと割り切っていても苦痛で、それはまさにチャップリンの「モダン・タイムス」の世界でした。物を相手にする単純作業は自分には向いていないとつくづく感じました。

さらに、大学受験も勉強よりバイトに明け暮れていたので失敗。

そんな姿を見かねて、母親は父や兄と同じ警官を目指したらどうかと勧めましたが、1年間浪人して神戸市外国語大学の夜間に進むことを選びます。

日中働くためにバイトに選んだのがケーキの販売です。

そのケーキ屋の近所にマスコミでよく取り上げられる有名なケーキ店があり、「自分もこんなふうになりたい」と成功を夢見るようになりました。そしてケーキ職人になろうと決意し、バイト先のケーキ屋の社長さんに相談すると「この世界は、中学を出て働いている人ばかりだから、スタートが遅すぎるよ」と諭《さと》されました。それでもあきらめず、ケーキ作りの経験を積むために他の店に移りました。

ところが、転職した先で配属されたのは工房ではなく、喫茶パーラー。そこでホールスタッフとして働くことになりました。希望と違う職場で、最初は嫌々接客していましたが、次第に慣れていきコーヒーも淹《い》れさせてもらえるようになりました。すると、常連のお客様から「いつもありがとう」「おいしかった。また来るよ」などと笑顔で声をかけられるようになったのです。

自分の淹れたコーヒーで「ありがとう」と喜んでもらえた。このときに初めて仕事の楽しさを知り、「この仕事だったら、生涯やりがいを持って働けるんじゃないか。喫茶店は自分の天職かもしれない」と思うようになりました。

そして、自分で喫茶店を開きたいと思うようになり、とうとう起業をするために大学を中退してしまいます。話を聞いて最初は戸惑っていた母親も、「人はいつ死ぬかわからないんだから、やりたいことをやりなさい」と賛成してくれたといいます。

さっそく起業の資金を稼ぐために、運送会社のドライバーになりました。

「自分は弱い人間だから」と自分を追い込むように会社の寮に入り、睡眠時間も削って荷物を配達していたのです。月に1、2度の休みは爆睡して終わり。そのときはバブル真っ盛りで、同世代の若者は女の子や友達と遊んでいるのに、ひたすら働き続けていました。

唯一の楽しみは、夜遅くに寮を抜け出して、軽トラックの赤提灯屋台に仕事仲間と一緒に飲みに行くこと。もちろんお金はないので、酔いつぶれるほどは飲めません。それで

第５章

なぜ1週間のアメリカ視察で40食以上食べたのか
——成長企業のトップはここが違う

創業店なのに、なぜ「３番館」なのか？

も、ほんの30分、仲間とお酒を飲みながら屋台の店主と楽しく語り合って寮に戻ると、「明日も頑張ろう」と元気が出て、ぐっすりと眠れました。

そのうち、粟田社長は屋台に行くのはお酒を飲むためではなく、店主と語り合うために通っているのではないかと思うようになりました。自分もみんなが集まる楽しい店をつくりたい。そんな思いに突き動かされて、喫茶店ではなく、焼き鳥屋にしようと決意します。

そして、23歳で当時結婚したばかりの奥様と加古川に戻り、トリドール3番館を開店。それから何度も壁にぶち当たったのは、序章でお話しした通りです。

その後も紆余曲折を経て、丸亀製麺の成功にたどり着きます。ちなみに、東京本部のエントランスには「トリドール3番館」と手書きで書かれた木の看板が今も飾ってあります。

こうして粟田社長の半生を振り返ってみると、すべては「ありがとう」から始まっているのだと感じます。

「ありがとう」という言葉をもらってそれをエネルギーにしてきた経験があるから、その言葉の力を知っているのでしょう。だから、まわりの人にいつでも優しくできて、常に感謝の言葉を述べられるのだと思います。

トップが一番動く

各地の丸亀製麺の店舗に、粟田社長はしょっちゅう立ち寄ります。

新店ができれば足を運ぶのはもちろんのこと、新たな施策を実施している店舗や売上が好調な店舗、反対に伸び悩んでいる店舗にも行きます。**ヨーロッパ出張から帰ってすぐに国内線に乗り換え北海道の店舗へ行き、また別の店へ移動されたこともありました。**そういうフットワークの軽さは、まさに神的だと思います。

自らが先頭に立って動く「率先垂範」を身をもって示していますが、ご自身で「トップが動くことが大事」などと言われたりはしません。

粟田社長はことあるごとに「俺は元々8坪のちっちゃい焼き鳥屋から始めた人間やから」と言っています。

「自分はたいした人間じゃない」と自戒しているのだと思います。

私は、タレントで映画監督としても活躍されているビートたけしさんが好きです。彼は世界的に評価されるようになってからも、「俺はペンキ屋のせがれだから」とか「浅草出身の漫才師だから」と言っています。どんなに人気が出ても、どんなにお金持ちになっても変わらないところは、栗田社長にも通じるところがあると思います。

そうはいっても、社長として成功すれば、まわりの態度も変わってきます。**何かで成功することより、成功した後に初心を忘れず原点を保つほうが難しいでしょう。**人は簡単に思い上がり、我を忘れる生き物です。

栗田社長の場合はビジネスの面白さを追求するところにエネルギーを注いでいるので、別荘を持つとか、海外を豪遊するようなことに魅力を感じないようです。趣味はジョギングで、時々マラソン大会に出場されていますが、それ以外に打ち込んでいるものといえば仕事しか思いつきません。週末に「明日は○○というお店に行ってみようと思ってるんや」と話題になっている繁盛店の話をされていることもあります。

どうすればお客様に喜んでもらえるか、どうやったら新しい事業をつくれるか。**仕事に熱中するというより熱狂しているので、疲れることなくあちこち飛び回れるのかもしれない、**と思います。

お店では、いつも釜揚げうどんとかけうどんを注文されます。最もベーシックな商品を食べ、自ら状態を確認されます。

新商品の試食の機会もあるので、胃の中が休まることはないのかもしれませんが、それでも実際にお店に足を運んで、いつもお客様と同じ立場に立って食べないと、お客様が何を求めているのかがわからないと考えているのでしょう。

リーダーと呼ばれる役職に就いた途端、部下に仕事を押しつけることばかりを考えて自分が動かなくなっていく人は大勢います。部下はそういう上司をしっかり見ているので、自分では動かない上司がどんなに命令しても、部下は動かないでしょう。

トリドールの社員がみなフットワーク軽く、アイデアを思いついたら実現に向けてどんどん動くのも、日頃の粟田社長の姿を見ているから。 もしも今、自分の部下が動いてくれないと感じているのなら、自分のことを振り返ってみるといいかもしれません。

大事なメッセージは言い続ける

栗田社長は、社員やパートナーさんに自分のメッセージを伝えることにも、とても熱心です。

現場や会議で伝えるだけでは足りないという思いがあるのか、月に1回の会議のタイミングに合わせて、ご自身が話している動画を撮って配信していたこともありますし、今ではPleashareという社内広報のSNSを使ってメッセージを配信しています。

店舗数が増え、本社・本部の規模も大きくなると、社長に会ったことがない、社長の肉声を聞いたことがないという社員やパートナーさんがどうしても増えてきます。

会社の風土を劣化させないために、経営理念やポリシーは繰り返し伝えないと社内に浸透しません。そこで、自分で書いた文章や動画などで、ダイレクトにメッセージを届けるように努めているのです。

たとえ少人数のチームでも、リーダーであれば大切な理念やポリシーを伝え続けなければばなりません。リーダーにとって、自分の想いや考えを語り続けることはとても大事です。そのための時間を惜しんではいけないと思います。

ドアはいつでも開いている

海外ドラマや映画のセリフによく出てくる“My door is always open”。これは「私のドアはいつでも開いている」から転じて、「いつでも訪ねてきて→いつでも相談に乗るよ」という意味で使われます。

トリドールの社長室は全面ガラス張りなので、中の様子がみんなから見えるようになっています。社員が社長への提案や相談をする際、短時間であればアポイントはとくに必要ないので、粟田社長が一人でいる姿を見たら、すかさず誰かがドアを叩くのが日常です。粟田社長は、まさにMy door is always openを地で行っているわけです。

社長室には、一日中誰かが訪ねてきています。私のデスクは社長室に一番近いところにあるので、毎日人が出入りするのを間近で見ています。対外的なアポイントもあるので、ずっと空いているわけではありませんが、15分くらいでも空きができると、もう順番待ちができています。

栗田社長がすごいのは、いつ、誰が、どういう案件を持って来るかわからないにもかかわらず、「少しお時間よろしいでしょうか」という社員の声に対して、「ああ、ええよ、ええよ。入っといで、入っといで」という感じで、不機嫌になることもなく、いつでも朗らかに対応しているところです。

本当は誰よりも忙しいので一人で考える時間が欲しいでしょうし、疲れていることもあるはずです。それでも、いつでもウェルカムの態度でいられるのは、社員とのコミュニケーションを重視し、風通しのよい組織にしたいと考えているからかもしれません。

もちろん若手社員も例外ではありません。

普通の企業ならありえないかもしれませんが、トリドールでは担当者が企画を考えるとき、6、7割程度の叩き台をつくって上司に持っていくと、「これで社長とディスカッションして、意見を聞いてみよう」となることがあります。そして**社長と話し合いながらブラッシュアップしていくのです。**

したがって、トリドールでは若手社員がアイデアを出さない、意見を言わないということはありません。トップが意見をどんどん吸い上げていたら、自然と社員から情報を発信するようになるのです。

また、会社概要の冊子や社名のロゴなどを刷新するときは、さまざまな年代の社員を社長室に呼び、意見を聞いていたこともあります。一般の方が目に触れるものは広い年代層の意見を取り入れるほうが有効です。そういったことを自然にできるのもトリドールの社風です。

ガラス張りの社長室は、神戸のオフィスのときから変わっていません。よく冗談で「ガラス張りやから居眠りでけへんねん」とおっしゃっていますが、いつでもオープンでいるからこそ、社員に慕われているのでしょう。

部下となかなか打ち解けられず、距離を置かれていると感じているリーダーがいらっしゃったら、自分の素顔をさらけ出してみてはいかがでしょうか。

いつも難しい顔をしてパソコンに向かっていたら、部下が近寄りがたいと感じるのは当たり前です。

普段から「いつでも相談に乗るよ」と伝えて、どんなに忙しくても部下の話に耳を傾けていたら、きっと相手も心を開いてくれると思います。

リーダーは孤独でも、一緒に働く仲間を孤独にしてはいけないのです。

メンタルを強くする習慣

私は粟田社長が怒っている姿を一度も見たことがありません。

私が失敗しても、他の社員が失敗しても、怒鳴ったり声を荒らげたりせず、「なんでこんなことになったんや」と責めることもありません。**トラブルが起きたら、いつも通りの穏やかな調子でそうなった原因や理由を聞き、本人に解決策を考えさせる感じです。**

どんな場面でもいつも平常心でいられる、そのメンタルの強さは何なんだろうと、近くで見ていていつも不思議に思います。

トリドールも今やグループの正社員3800人超、パートナーさん1万2000人超を抱える大所帯です。会社の規模が大きくなればなるほど、事業がうまくいかなかったときのプレッシャーは大きくなるはずです。

経営者は孤独だとよく言われています。粟田社長も、新規事業に乗り出すときは失敗したらどうなるか不安になるでしょう。新たに立ち上げた事業で思うような利益を上げられず、継続するか撤退するかを決断するのも並大抵なことではありません。

栗田社長いわく、「何事もやり抜くにはメンタルトレーニングが大事」とのこと。メンタルトレーニングといっても、社長室で座禅を組んで瞑想にふけっているわけではありません。ガラス張りの社長室でそんなことをしていたら、さすがに社員は引きます（笑）。

栗田社長は、**自分の成功したシーンを常にイメージしている**そうです。傍《はた》から見たら、すでに成功しているように思いますが、栗田社長自身はさらなる高みを目指しているのでしょう。富士山ではなく、エベレストを目指しているのかな、と私はいつも感じています。

栗田社長は、以前読んだナポレオン・ヒルの著書『成功哲学』が、メンタルトレーニングの重要性を考えるきっかけになったと話しています。

その中には、「強い人が勝つとは限らない。すばらしい人が勝つとも限らない。私はできると考えている人が結局は勝つのだ」「目標も計画もなしに成功はありえない」などの有名なフレーズが出てきます。この本を読んでから、自分を信じること、大きな目標を持つことの大切さに気がつき、行動パターンも変わったそうです。

成功したいと思ったら、とにかく行動してみて、何か問題があればそのときに考えたほうがいい。つまり、〝見る前に跳べ〟の精神で、行動する前に考えすぎないことです。

小心者は、それこそ考えれば考えるほど臆病になり、動けなくなります。だからこそ、石橋を叩いて渡るのではなく、走って渡って、途中で穴が開いていたら「どうすれば向こう側に行けるのか」とその場で考えるほうが、恐怖心に呑み込まれません。

粟田社長は弱気になると、いつも**「今ここで人生が終わってもいいのか」と自問自答するの**だと言います。いつも答えは同じで、「挑戦するリスクよりも、何もしないリスクのほうが大きい。それなら挑戦しよう」と、前に一歩踏み出すのです。

さらに、**「自分なんてたいした人間じゃない」と言い聞かせるのも、メンタルを強くする習慣のひとつ。**

そう考えたら必要以上に自分に厳しくなることもないので、失敗して醜態を晒《さら》しても、他人から笑われてもいいと、開き直れます。自分を追い込みすぎないのも平常心を保つための一方法です。

一方では、「自分はまだまだだ」と言い聞かせたら、もっと上を目指そうというエネルギーにもなります。

そうやって、自分を鼓舞したり、肩の力を抜いたり、粟田社長は上手にメンタルをコントロールしているのだと思います。

「すぐマネる」「徹底的に聴く」技術

トリドールの東京本部を訪れたら、会社っぽくない内装に驚かれるかもしれません。廊下の壁は、一面に赤やピンク、黄色のポップな抽象画が描かれ、ボルダリングジムのようにカラフルなホールドが貼りつけてあります。会議室の壁も、同じようにポップな抽象画が描かれて、とてもにぎやかです。

これは粟田社長がどこかで目にして、「これ、ええやん」「うちもこんなんつけようや」と即手配しました。

いつかはＩＲ関連で訪問した会社の会議室に置かれていた大型のモニターを見て、「これええなぁ」と一言。その日のうちに同じようなモニターを発注されていたことがありました。

粟田社長は、自分の感性に響いたものはすぐマネして取り入れます。よそとは違うもの、誰もやらないことをするという独創的なビジネスをする一方で、**「これいいな」とピ**

ンときたものはすぐにマネするという、正反対の一面も持っています。実はそれが柔軟な発想の元の一つになっているのかもしれません。

大谷翔平《おおたにしょうへい》選手は日本ハム時代、すでにメジャーで活躍していたダルビッシュ有選手にトレーニングや肉体管理の方法などを教わっていました。一流の人ほど、一流の人から何でも教わり、すぐに試してみて吸収します。それぐらい柔軟な姿勢だから一流であり続けるのかもしれません。

マネしてみて、自分に合わなかったら自分流にアレンジするか、やめればいいだけです。そうやって何でも自分のものにしていくほうが、自分の幅を広げられます。

粟田社長は、徹底的に聴くという面も持っています。

私から社長にＩＲ関係の説明をしたとき、翌朝一番に「昨日の説明のここがよぉわからへんねんけど、もう一回説明して」と言われたことがあります。私が説明すると、「なるほど。わかった、わかった」と言われてから、一拍置いて「え、ちょっと待って。もう一回しつこいんやけど、これはこういうことやんな？」と、本当に腹落ちするまで何度でも聞かれました。

そうやって自分で納得するまで質問して、いい加減に終わらせることがありません。

多くの人は立場が上になったり、ベテランになると知ったかぶりをするようになります。見栄やプライドがそうさせるのでしょう。

しかし、**自分はまだたいしたことがないと思っていたら、聞くことができます。**

何歳になっても「自分はわからないから教えてほしい」という姿勢を持てる人は、そういません。しかも、相手が年下ならなおさらプライドが邪魔します。

粟田社長は自分のことを「成長の虫に取りつかれている」と言っているぐらいなので、いつも貪欲《どんよく》に何かを吸収しようという意識が強いのでしょう。それがトリドールの成長の源になっているのだと思います。

今、ピンチの中にいる人へ

「運も実力のうち」と言われますが、本当にそうでしょうか。

病気、災害、事故など、人生にはさまざまなピンチが訪れます。その渦中にいる方に、私は安易に頑張れと言うつもりはありません。**私の経験では、ピンチの中にいる方はすでに十分すぎるほど頑張っているのです。**

丸亀製麺がたどってきた道のりを振り返ると、決して幸運が続いたわけではありませんでした。どちらかといえば、不運の連続。それでも、ここまで到達できたのは、粟田社長が逆境でも決して諦めなかったからといえるでしょう。

粟田社長は、トリドールの店舗を増やすにつれ、銀行に頭を下げてもなかなか資金を貸してもらえない経験を何度も繰り返しました。さらに、資金を借りるときは担保を入れないといけないので、「店がこけたら、オレは終わりや」といつも覚悟していたと言います。

そこで、90年代後半から株式市場で資金を調達しようと、上場を考えるようになったのです。ちょうど１９９９年にベンチャー企業向けの東証マザーズが開設したので、そこでの上場に向けて準備に入りました。

そんな折、２００４年東南アジアで流行していた鳥インフルエンザの日本上陸を受けて、トリドールが大打撃を受けたのは前述した通りです。株式上場を断念し、トリドールも売上が激減。不運だったとしか言いようがない事態です。

しかし、幸運だったのは丸亀製麺を既に3店舗出していたこと。実は丸亀製麺は実験的に出していたのですが、材料の調達リスクの少ないうどんにシフトチェンジするきっかけになりました。

そして丸亀製麺の出店を本格的にスタートさせたころ、イオン、イトーヨーカドーなどの大型ショッピングセンターの建設が各地で相次ぎました。

これは、２０００年に大型商業施設の出店を規制していた大規模小売店舗法が廃止されたのがきっかけです。丸亀製麺はショッピングセンターの中のフードコートに店をつくって大繁盛していたので、出店要請が相次いで波に乗っていました。

しかし、そんな幸せな時間もあっという間に終わりが来ます。

２００６年にまちづくり3法が改正され、大型ショッピングセンターが出店できるエリアが再び規制されることになり、フードコートを中心に加速していた出店が一気に減り、またしても苦境に立たされます。

これも不運な出来事でしたが、それから自社で物件を探し、ロードサイドタイプの店舗を中心に出店していったのです。ロードサイドでは、ちょうどファミリーレストランの撤退が加速し始めていました。競合店が減っていく時期と丸亀製麺の出店が重なり、全国のロードサイドに次々と展開していけたのです。

こうして振り返ってみると、**うまくいき始めたかに思えた矢先に、不運に見舞われるということを何度も経験し、その度に丸亀製麺は方向転換を強いられてきました。**結果的にアンラッキーをプラスの方向に転換できたから、丸亀製麺は成長し続けられたのでしょう。

誰にでも、期せずして自分の力ではどうにもできないような困難にぶつかることがあります。思わず心が折れそうになる場面もあるはずです。

けれども、よく言われるように、ピンチの後には、必ずチャンスが訪れます。これを信じられれば、ピンチだと感じたときも前に向かって進めるでしょう。

私は**人の運、不運の量は、誰でも、それほど変わらないのではないか**と思っています。**不運を幸運に変えることができれば、「運も実力のうち」となるのではないでしょうか。**

第5章のダイジェスト

公言すると引くに引けない状況になるので、目標に向かって突き進むしかなくなります。弱さを自覚しているからこそ、そうやって自分で自分の背中を強引に押しているのかもしれません。そして、公言すれば賛同する人が出てきます。(183ページ)

栗田社長は**自分の弱さを知っているからこそ、弱い自分を常に奮い立たせている**のだと思います。(185ページ)

「すごいお店がある」という噂を聞きつけて、フライトスケジュールを変更してまで足を運んだこともあるそうです。そうまでして実際にお店を訪れているのは、グルメだからではありません。**ネットでは得られないリアルな情報を得るために足を運んでいる**のです。栗田社長の信条は、「成功の理由は、街場の繁盛店が教えてくれる」。(188ページ)

トリドールの社員がみなフットワーク軽く、アイデアを思いついたら実現に向けてどんどん動くのも、日頃の栗田社長の姿を見ているから。もしも今、**自分の部下が動いてくれないと感じているのなら、自分のことを振り返ってみるといいかもしれません。**(199ページ)

第6章

丸亀製麺はなぜ海外で日本の味にこだわらないのか

――違和感を活かして成長する

暑いハワイで熱いうどん？誰もが違和感を持った海外戦略

違和感を大事にしよう。

そう聞いたら、多くの人はそれこそ違和感を抱くかもしれません。

一般的には違和感は悪いイメージがあり、あってはいけないもの、なくすものだと考えられています。みんなが「いいね」と言うことは、誰も違和感を持たないよいことだということになります。

しかし粟田社長は、**「新しいものが生まれてくるときには、いつも何か違和感がある。その違和感こそがオンリーワンの証《あかし》だ」**と話しています。つまり、違和感はなくてはならないものなのです。

丸亀製麺も、創業時は「店に製麺機を入れる⁉　そんなのコストがかかるし、クオリティを一定に保てないだろう」と違和感を抱いた人が大勢いたと思います。全員が「いいね」、とは思っていなかったということです。

それでも譲らずにやってきた。その結果、オンリー1かつナンバー1になれたのです。海外進出にしても、最初の地にハワイを選んだ時点で「暑いハワイで熱いうどんなんて、売れるの？」と普通は誰でも違和感を抱くはずです。粟田社長自身も、「先に戦略ありきだったら、ハワイなんか行かない（笑）」と語っています。

海外のどこに進出するか、どの事業をM＆Aで買収するか。これは、粟田社長の直感で決まることもあります。

おそらく、綿密にリサーチをして分析していたら、現実的ではないという話になり、みんなが「いいね」どころか誰一人賛成してくれず、進出を諦めるかもしれません。

誰もやろうとしない違和感のある計画こそ、インパクトがあり、成功する可能性があるのです。

海外進出を決めたら、とにかくまず3店舗オープン。その理由とは？

出店すると決めた国では、まず3店舗をオープンするのがトリドール流です。もちろん、事前の調査は欠かせませんが、これも、普通ならば違和感を抱く方法でしょう。場合にもよりますが、1店舗開店して軌道に乗ったら2店舗目、3店舗目と増やしていくのが常道です。しかし、丸亀製麺では1店舗目の開店準備をしている段階で次の展開を視野に入れて、候補地を探すこともあります。

1店舗だけでは、その国で受け入れられるかどうかの判断が難しいからです。

1号店はマーケティングのようなつもりで、そこで得た知見を次の店舗に活かす。そのように手さぐりしながら営業してみて、キャッシュを生まない事業はすぐに撤退する場合もあります。**出店の決断も早ければ、撤退の決断も早いのです。**

この戦略を複数の国で同時展開しているので、株主様や投資家の方々は違和感を抱くのか、「何でそんな闇雲に、同時進行でやるんですか。一つの国でしっかり集中してやって、成功してから他の国へ行くべきじゃないんですか」とよく言われました。

確かに、普通ならばそれが失敗しないための安全策でしょう。今のようにバブル期でない時代は、慎重に進めるのが常道かもしれません。

しかし、海外の経済成長は日本と違い、数年間で劇的に変わります。発展途上国も5年後、10年後にはかつての高度経済成長期の日本のようになるかもしれません。そのスピードに乗るためにも、今さまざまな国で足がかりをつくっておくことが重要なのです。

２０１１年に丸亀製麺の海外1号店をハワイでオープンしてから、わずか7年で33カ国に約１５００店舗以上を展開しています（丸亀製麺以外のブランドも含む）。

これを実現したのは、**違和感をなくすのではなく、常に活かしてきたからです。**

違和感を新しいものととらえるのか、異質なものととらえるのか。それによって、ビジネスの成否は大きく変わります。

そもそも他の企業と同じことをやっていたらブルーオーシャンは見つけられません。**他の企業が違和感を持ってやらないことでも信念を持って実行すれば、それは武器になるのです。**このトリドール流の一見無謀な海外進出も、4年目から利益を出せるようになりました。違和感をうまく活かせば、やがて新しい方法として受け入れられるのです。

受け入れられる違和感、受け入れられない違和感

違和感にはいい違和感と悪い違和感があると思います。

丸亀製麺でも、**悪い違和感は徹底的に排します。**

お客様に不快感を与えたり、異常を感じて不安にさせたり、不便を強《し》いるような違和感はなくさなくてはなりません。ほかに、人が集まる場で和を乱したり、反感を呼んだりするような違和感も見過ごせないでしょう。

これに対して、**いい違和感はいい変化や創造を生み出します。**

一般的に常識と思われていることに違和感を覚えて、「本当にそれでいいのか？」「別の方法があるのでは？」と考え続けると、新たな道が開けることがあるのです。

たとえば、寿司。

寿司はＳＵＳＨＩとして今や世界中で流行しています。

しかし、寿司も最初は「生魚を食べるのは気持ち悪い」と海外では悪い違和感を覚える人がほとんどでした。それが、カリフォルニアロールなど現地の人の好みに合った寿司が生まれて、ＳＵＳＨＩとして定着していったのです。

今ではマグロの寿司を中国のお店でも出していますし、バラク・オバマ前大統領が来日したときは高級寿司屋に招待していました。寿司がＳＵＳＨＩになるには長い時間が必要でした。一見悪い違和感も、うまく活かすことで世界のＳＵＳＨＩとなったのです。

私が海外出張に行くとき、楽しみにしていることの一つが、現地の丸亀製麺のお店に足を運ぶことです。海外のお店にも日本と同じメニューはありますが、その国限定のメニューも充実しています。

たとえば、ロシアで人気があるのは照り焼きチキン丼、豚骨うどん、焼うどん。

中国にしかないメニューは麻辣うどん、豚軟骨うどん、牛肉トマトうどん。

韓国ではキムチうどんやビビムうどん、部隊チゲうどん、おでんうどん。

タイではシーフードトムヤムうどん、オム焼きうどん、フライドチキン丼。

インドネシアではイスラム教徒向けの鶏白湯《とりぱいたん》うどん。

うどんだけではなく、天ぷらやおむすびも現地で一般的な食材を取り入れたメニューを加えています。その国にしかない限定メニューを食べるのは、丸亀製麺の社員の間でひそかな楽しみになっています。

おそらく、丸亀製麺ファンは海外のお店を見たときに、「全然丸亀製麺らしくない」と違和感を抱くでしょう。日本食を海外流にアレンジして失敗している企業は数多くあるので、丸亀製麺も同じ道を歩むのではないかと懸念されるかもしれません。

どんぶりメニューの人気が高いとなると、「うどん屋なのに、それでいいの?」という疑問も出るでしょう。

しかし、まったく問題ありません。現地のお客様にも、うどん屋というより和食のファーストフード店としてご利用いただいているので、受け入れられているのでしょう。

日本流を貫くより、柔軟にその国に合わせていこうというのが丸亀製麺のスタンスです。

もちろん、丸亀製麺としては日本のうどん文化、ひいては日本の丸亀製麺を知ってもらいたいという想いはあります。だからお店に製麺機を置いて、天ぷらもその場で揚げて、つくりたてのメニューを出すという基本のポリシーは変えません。

しかし、すべての国で最初から受け入れられるわけではありません。もし受け入れられなかったら、一度食べに行って終わりになってしまいます。その国に根付かせるには、その国の人たちが日常的に楽しめる味にカスタマイズしていく必要があるのです。

なぜタイのメニューからかけうどんを外したのか

「和食は世界で通用する」というのは日本人の驕《おご》りではないでしょうか。

世界の富裕層の間では和食は知られていても、街の人にとっては「日本ってどこ？」というレベルかもしれません。そんな状況では、「日本のUDON」と聞いてもピンときません。その層にアプローチするには、現地の人が受け入れられるように出汁や麺、サイドメニューもカスタマイズするしかないでしょう。

たとえば、タイでは現地の方に「麺が太い」と言われました。タイには元々米粉で作った細いヌードルがあり、それに慣れ親しんだ方には日本のうどんはコシが強すぎると思われてしまいます。そのうえ、タイで好まれるのは酸っぱい、辛い、甘い味なので、スパイシーにする必要もあります。

そこで、麺を少し細くしてやわらかく茹でたところ、日本人の観光客から「これは日本のうどんじゃない」とクレームが来ました。日本人の観光客も切り捨てられないと、太さを元に戻した時期もありますが、最終的にはメインターゲットである現地の方の好みに合わせることにしました。

さらに、酢やとうがらし、砂糖をテーブルに置いて、お客様が自分で味をカスタマイズできるようにしています。薬味もネギや生姜ではなく、パクチーを取り放題にしました。

一方、日本と味覚が近い台湾やベトナムでは丸亀製麺はすんなりと受け入れられているようで、かけうどんも人気があります。ところが、タイではかけうどんは具材の載ってないラーメンのようなものなのか、まったく売れないのでメニューから外しました。

このように試行錯誤を重ねて、ようやくその国ではどのようなメニューを定番にすればいいのか、価格帯はどれぐらいがいいのかなどがわかってきます。

海外に新しい文化を根付かせるのには、時間がかかって当たり前。丸亀製麺の海外店のメニューは、日本人観光客からは違和感を覚えるかもしれません。

そこを恐れずに、変えるべきところは変えながらやっていかないと、うどんは浸透しません。**出店した場所で、その地で生活する消費者の方に末永くご利用いただくことが最大の目的です。**そうでないと意味がありません。

郷に入《い》っては郷に従えの精神で、現地になじむようにしていけば、その地域に根付かせることができると思います。

それぞれの国の「感動」を探す。自分の味覚を押し付けない

マレーシアの「Boat Noodle」という人気店を粟田社長と一緒に訪れたときのことです。そこはスープヌードルを出しているお店で、当時M&Aでグループ化することを検討していました。お店の前には長蛇の列ができ、そのほとんどは女性を中心とした若者でした。

お店の名前の通り、元々は水上市場で働く人が日常的に舟の上で食べていたメニューです。小さな器にヌードルが入っていて、食べ終わったらお皿を重ねていくわんこそばのようなスタイル。1杯の価格が50円から60円。これなら少しずつ色々な味を楽しめるので、若者に人気が出るのもわかります。

しかし、味は日本人にとっては違和感がある味。粟田社長でさえ食べながら、「日本人の舌には合わへんなぁ」と首を傾《かし》げていました。

しかし、粟田社長は自分の舌や感覚をベースに判断するのではなく「日本人の俺にはわ

からへんけど、これだけ現地の人に支持されてるんやったら、間違いない」と判断したのです。その言葉通り、そのブランドをM&Aでグループ化しました。

プロの料理人なら、「自分がおいしいと思ったものしか認めない」と言いそうですが、栗田社長は**おいしいかどうかは現地の人が決める**ことだと考えています。

日本国内の店舗の新メニューやフェアメニューなど、新しい商品を投入する際には、必ずすべての商品を試食した栗田社長が是非について判断します。栗田社長の舌を通らずに世に出た商品はひとつもありません。

しかし、海外では既に述べた通り判断の基準が異なります。何が求められているかという基準で判断する。**その柔軟性こそが正しい道を切り拓いていける秘訣だと思います。**

感動を売る——世界トップ10の外食企業になるために

トリドールは、世界トップ10の外食企業になるという壮大な目標を掲げています。世界のトップ外食企業といえば、マクドナルドやスターバックスといった世界中の誰もが知っている企業ばかりです。聞いた人は違和感どころか、広げる風呂敷が大きすぎると思うかもしれません。

トリドールは2013年にアメリカで日本食カジュアルレストラン「TOKYO TABLE」を買収したのを皮切りに、アジアン・ファストフード「WOK TO WALK」、最近では、香港のヌードルチェーン「譚仔雲南米線」「譚仔三哥米線」などの海外のお店を次々とグループ化してきました。世界トップ10の外食企業になるという壮大な目標を果たすには、丸亀製麺だけでは達成できないので、既存のブランドのM&Aは不可欠です。

これらの企業の共通点は、すでに現地の消費者に支持されていて、行列ができるほどの繁盛店であること。

人気があればどこでもいいというわけではなく、丸亀製麺のように競争優位性を持ちお客様に感動を与えているお店なら、親和性が高いだろうと判断しています。

今後もさまざまなテクノロジーが生まれ、国ごとのボーダーレス化が進んでいくでしょうが、人々が感動するものはそれほど変わらないのでは、と思います。

ものやサービスを売るのではなく、「感動」や「体験」を売る。それに徹すると、世界のベスト10も夢ではなくなると確信しています。

トリドールは、成長途上の企業のM&Aにも力を入れています。

こういった企業は粟田社長にとってタイムマシンのようなもので、10年前の自分と同じでいつか来た道です。彼らが今必要としていることが、粟田社長にはわかるのです。

この一環として、2017年に「立呑み　晩杯屋《ばんぱいや》」を運営するアクティブソース社をグループ化しました。

これは粟田社長が晩杯屋を訪れて、「我々の文化ではつくれない」と、コストパフォーマンスの高さに感動したから実現しました。正に自分たちの文化にないところに違和感を覚え、それを活かした例です。

立ち飲み屋はたいてい安く酔えればいいと、1000円でベロベロに酔える「センベロ」のイメージがあります。

しかし、晩杯屋は一味違います。鮮度のいい魚を使った刺身や塩焼きや煮物、フライのほか、牛モツの煮込み、揚げたてさつま揚げ、ポテトサラダなどの豊富なメニューが100～200円台で味わえます。料理はお店で手づくりし、ビールも500ミリリットルジョッキで鮮度のいいものを出しているこだわりぶりにほれ込んで、グループ化に至りました。

トリドールは店舗開発をする要員を多数抱えていますし、高品質の原料調達をできる購買部もあります。トリドールの強みを提供すれば、アクティブソース社のような伸びしろのある企業はさらに加速度をつけて成長していくでしょう。

そのように感動をつくりだしている世界中のお店を探しだし、共に成長していくのが、今後のトリドールの至上命題です。

変われる企業だけが生き残る

2017年のはじめ、丸亀製麺がヘアカラー産業に参入するというニュースが流れて、飲食業界がざわつきました。

トリドールは2016年に美容研究家の故・鈴木その子さんが創業した会社「SONOKO」を子会社化したのです。そのSONOKOでさらに事業を強化するためにヘアカラーの事業に参入することになりました。

SONOKOは化粧品だけではなく、オーガニック食品やサプリメントを販売するなど、体に負担をかけない安全・安心な製品を提供してきました。そういった経営理念や哲学にも共感できますし、通販という今まで持っていなかった事業に参入することができます。そのうえ、SONOKOの顧客層はアクティブシニアや富裕層なので、今までカバーしてこなかった領域を開拓できるというメリットもあります。

そのころから、粟田社長は**「トリドールは新たなライフスタイルを提案できる企業にな**

る」と公言するようになりました。

多角化経営した結果、バブル崩壊後に多くの企業が莫大な負債を抱えて倒産に追い込まれたので、多角化はすっかり悪いイメージがついています。それにもかかわらず、トリドールが多角化に乗り出したので、市場では違和感を抱いた人も少なからずいたようです。

逆に、粟田社長は外食産業だけで成長していくことに違和感を抱きはじめていました。

丸亀製麺はショッピングモールに出店しているので、粟田社長も視察のためによく足を運んでいます。どの地域のショッピングモールでも目の当たりにするのは、アパレルのお店で閑古鳥《かんこどり》が鳴いている光景。すぐに撤退して他のお店が入っても、そのお店も同じような状況が続きます。

少し前まで、「洋服は店に来て実際に触って試着してみないと買えない」とアパレル業界の人たちは考えていました。それが、ZOZOTOWNなどの台頭によって、スマホで買うのが当たり前になってしまったのです。

どうしてそのような状況になったのか。

その理由は、**「消費者のほうが感性は豊かで、自分たちで価値を創造できるようになったからではないか」**と粟田社長は考えています。どんなに企業が「今年の流行はこれ」「Aがかっこいいんだよ」と訴えても、「Bのほうが自分らしくいられる」「Cのほうが快適」と、消費者は簡単に乗らなくなっています。

インスタグラムでは、人々は日常の中にも、日常なりの「ハレ」を求めている。そういう状況では、商品だけでなく、世界観や雰囲気も提供できなければダメなんだと、粟田社長は悟りました。

数年前から「外食チェーンも、いずれ大きな変化の波にのまれるだろう」と考えていたようですが、外食業界の枠から出ておかないと変化の波に気づけないと思い、ライフスタイル企業にシフトチェンジすることになりました。ただし、食を軸にして、食という価値観からライフスタイルを提案していくので、まったく関係ない分野に参入するということではありません。

最近では、から揚げ弁当専門店「とりサブロー」や切りたて牛肉専門店「肉のヤマキ商店」をオープンさせ、イートインだけでなく弁当や惣菜販売をし、拡大しつつある中食需要も取り込んでいこうと考えています。

いい違和感を大切にすれば変化に気づき、改革をスタートすることができます。

やはり、これからは違和感をいち早く活かして、変われる企業だけが生き残っていけるのでしょう。

粟田社長は、「違和感を他人に説明しても、その人には見えていないものだから、なかなか共感は得られない」と語っています。だから、全員の「いいね」は得られません。

かつてのソニーのウォークマンも開発時に社内では反対意見が上がり、「再生しかできず、録音機能のない製品を買う人はいない」と言われたそうです。それが、「音楽を持ち歩ける」という新しさに若者は飛びつき、大ヒット商品となりました。その発想がｉＰｏｄなどにも受け継がれています。

「市場競争社会では、先行して先に投資した会社が有利になる。自分たちがナンバー1になるためにも、自分たちで市場や空間をつくっていかなければならない」というのが、粟田社長の考えです。

アメリカではアップルやグーグルが自動運転自動車に参入していますし、自ら文化や生活シーンをつくりだせない企業は淘汰されていくのかもしれません。丸亀製麺も讃岐の製麺所という生活シーンを全国各地につくれたから成功したのでしょう。

大きなシフトチェンジだけではなく、丸亀製麺自体も小さなシフトチェンジを重ねています。

元々はうどん専門店だという自負があったので、天ぷらやおむすび以外のサイドメニューは置いていなかったのですが、今は親子丼もありますし、お惣菜を出している店舗もあります。

また、何百店舗あってもチェーン店ではなく、一つ一つの店舗が専門店だという考えだったので、以前はCMを打ちませんでした。

それも、今ではシーズンメニューを出すタイミングで打っています。二代目女将《おかみ》の松岡《まつおか》茉優《まゆ》さんのコマーシャルをご覧になった方も多いと思います。

時代の流れに合わせて柔軟に変えてきたので、ここまで来られたのだと思います。

人も同じです。

もし、自分自身や自分のまわりに違和感を覚えるものがあったら、ただ排除せず、いいか悪いかを確かめて大切にすると、そこから何かが生まれるかもしれません。

何かに行き詰まったときは、いい違和感をうまく活かしてみてはいかがでしょうか。

ボーダレスの戦いは始まっている

丸亀製麺がこれからの最大のライバルだと考えているのは、どこだと思いますか。

少々意外な相手かもしれません。

うどん業界のチェーン店でもなければ、ラーメン店でもマクドナルドのようなハンバーガー屋でもありません。実は、最大のライバルになるのはコンビニだと考えています。

２０１９年10月に消費税が10％に上がるのに合わせて、軽減税率が導入されると言われています。政治の動向によっては先送りされるかもしれませんが、近い将来消費税が上がるのは避けられないでしょう。

軽減税率はテイクアウトメニューや宅配サービスが対象になり、外食は対象外となります。丸亀製麺のような外食は消費税が課されて、牛丼店のテイクアウトやコンビニ弁当は税率が軽減されるということです。

そうなると、外食産業が大打撃を受けるのは間違いないでしょう。消費者はテイクアウトやコンビニ弁当などの「中食」にシフトしていくと予測できます。

最近、イートインスペースを設けるコンビニが増えているのは、その流れを見越しているのかもしれません。コンビニは弁当のほか、お酒も惣菜も売っているので、居酒屋に行かなくても仲間と軽く飲んで帰ることもできるわけです。そのほうが安く済むとなると、お客様が外食からそちらに流れるのは避けられません。

栗田社長は、コンビニはこれから売り場を削ってでもイートインスペースをつくり、スーパーなどの小売店もイートインを設置するだろうと予測しています。

つまり、**これからは外食企業対外食企業の戦いではなく、外食対中食の戦いになる**ということです。さらに言うなら、外食は高いからと内食（家での食事）も増えるかもしれません。そうなると、**内食、中食、外食がボーダレスに戦う時代になります。**

しかも、コンビニは一番多いセブン-イレブンで全国に2万近い店舗を構えているのですから、それらがすべて外食に向かっていたお客様を吸収してしまったら、恐ろしいことになります。

だからこそ、いっそう付加価値をつけないと生き残っていけなくなるでしょう。

では、圧倒的な数で有利なコンビニに負けないためには、どのような付加価値をつければいいのか。

私は、これからの時代こそ、丸亀製麺のような「手づくり・出来たて」「体験」「エンターテイメント」が付加価値になると考えています。

栗田社長は、「多くの企業は生産性の向上という名のもとに、システム化して人を削っているけれども、省人化を進めたら外食が中食に近づいていってしまう」と語っています。

セントラルキッチンでまとめてつくっている外食企業も、工場で一括でつくっているコンビニの弁当やお惣菜も、消費者にとっては同じに見えるでしょう。それなら、「コンビニでいいか」と思われてしまう可能性大です。

したがって、省人化を進めていた企業も、いずれ人に回帰するかもしれません。

丸亀製麺は世の中の状況がどう変わろうと、今のスタイルを崩すことはありません。外食対中食で熾烈な戦いが始まったとしても、さすがにコンビニに製麺機は置けないので、丸亀製麺レベルのうどんは提供できないでしょう。

これはおそらく外食産業だけの話ではなく、**あらゆる産業でボーダレスの戦いがすでに起きているのではないかと思います。**

アマゾンは本やファッション、家電、お酒と家庭に必要なあらゆるものを販売し、耕運機などの農機具や基板などのエレクトロニクス部品、研究用機器まで販売しています。それによって、多くの小売店や量販店、専門店はダメージを受けているでしょう。

さらにアマゾン・プライムビデオでレンタルビデオ店は大打撃を受け、ドローンでの無人配達が可能になれば配達業者も今ほど必要なくなるかもしれないのです。

それを考えると、今から**「人」で付加価値をつくっておかないといずれ淘汰されてしまいます。**

それは企業という単位だけではなく、個人という単位でも同じです。

これからAIが導入されていくと、何が起きるのかは誰にも正確には予測できません。今ある職業がなくなるだけではなく、今はない職業が誕生するでしょう。あるいは、本当はAIで代替できても、どうしても人の手を残したい職業もあるかもしれません。

どんな世の中になったとしても、人を感動させたい、人のぬくもりを感じさせたいといった精神や姿勢があれば、生き残っていけるのではないでしょうか。

テクノロジーが進化すればするほど、勝負できるのはポリシーや哲学といった心の奥底にあるものになるのかもしれません。

成長の踊り場をつくらない

栗田社長は、よく「成長の踊り場をつくらない」と話しています。

それは自分自身に言っている言葉であり、社員に対しても常々言っている言葉でもあります。

一段ずつでも階段を上がっている最中は成長していますが、踊り場、つまり現状維持に入ると停滞してしまいます。**停滞はあっという間に衰退につながるので、わずかの間でも踊り場にとどまっているのはリスクが高いのです。**

昨日と明日が変わらないのはよくない。右肩上がりの成長を維持していくことに執念を燃やしているというのが、栗田社長の持論です。

そのために国内でも新規事業にチャレンジし続けて、海外にも進出し、ライフスタイル提案企業へ変換するなど、自ら新たな階段をつくり続けているのです。

2018年3月に丸亀製麺はイオンモール座間《ざま》店を開店して、世界1000店舗を達成しました。

神戸本社の壁には丸亀製麺の1号店、100号店、300号店の写真が飾られていました。その隣には1000号店の写真を飾るための白いパネルが掛かっていました。

「2025年度に国内で2000店、海外に4000店を出店し、売上高5000億円企業になる。」

この大きな目標を掲げたのは、売上高1000億円の手前まで来たときに、新規の出店ペースを落としたら相当資金が貯まったので、「ここで足踏みしたらいかんな」と自分と社員を鼓舞するために大風呂敷を広げたそうです。

2025年度と聞くと遠い先のように感じますが、7年後です。7年後に売上高で約4倍になっているという壮大な目標です。それを丸亀製麺だけで実現するのは難しいので、グループ化した国内外のお店も含めて、多店舗展開を進めていっています。

ただし、すべての業態を粟田社長が仕切るのではなく、これからはそれぞれの業態を分社化して一人一人社長を立てていく構想です。

粟田社長いわく、「私が一人ですべての業態をやっていこうと思ったら、丸亀製麺以上のものはつくれないかもしれない。それに、私がやると、どうしても丸亀製麺のプライオリティが一番高くなってしまう。過去の成功体験だけを頼りに経営をしたら、時代から乖《かい》離《り》してしまうし、企業の成長が踊り場を迎えて、衰退していく可能性もある」とのこと。

成功体験にとらわれていると違和感を抱かせるような仕事ができなくなり、いい違和感がなくなると組織の硬直化が始まります。自分や組織の限界に気づいたら、さらなる成長を目指すために何をすればいいのかを考え直すきっかけになります。

今、栗田社長の掲げた旗の下に、あらゆる分野から優秀な若者が続々と集まって来ています。みんな「いいね」の仲良し集団にならなければ、トリドールは守りに入ることはなく、さらに攻め続けていけるでしょう。

丸亀製麺はＪＣＳＩ（日本版顧客満足度指数）の調査によると、２０１２年からファーストフード店部門において常に顧客満足度３位以内をキープしています。他にランクインしているのはモスバーガーさんやＣｏＣｏ壱番屋さん、リンガーハットさんといった誰もが知る名店ばかり。お客様に感動していただける店づくりをするために、これからも試行錯誤を続けていきます。

実は、栗田社長はひそかな野望を抱いています。

社長室には粟田社長が「一兆円一万店の木」と名付けている観葉植物が置いてあります。それはつまり、いつか1万店を出店し、1兆円の売上高を誇る企業になりたいということ。世界で3万5000店以上を構え、約240億ドル（約2兆5500億円）を稼いでいる世界一のガリバー外食企業マクドナルドには及びませんが、いずれマクドナルドを超える目標を掲げるかもしれません。

ある有名料理人は「先代の味を継承できなくても、料理に対する精神や姿勢は継承できる」と話していました。大切なのは味やサービス以外の姿勢なのです。

こんな便利な時代だからこそ、どこまでも手間暇をかけて、心を込めてお客様を感動させたい、それが原点でありエネルギーの源です。お客様の心をつかむための魔法はありません。だからこそ人である私たちが手間をかけ、心を込めるのです。それがひいては人の心を打つのだと思います。

私も粟田社長の精神や姿勢を継承し、共に高みを目指しながら走り続けていきたいと思っています。

第６章のダイジェスト

粟田社長は、「新しいものが生まれてくるときには、いつも何か違和感がある。その違和感こそがオンリーワンの証だ」と話しています。つまり、**違和感はなくてはならないもの**なのです。(216ページ)

一般的に常識と思われていることに違和感を覚えて、**「本当にそれでいいのか？」「別の方法があるのでは？」と考え続けると、新たな道が開ける**ことがあるのです。(220ページ)

プロの料理人なら、「自分がおいしいと思ったものしか認めない」と言いそうですが、粟田社長は**おいしいかどうかは現地の人が決めること**だと考えています。(226ページ)

いい違和感を大切にすれば変化に気づき、改革をスタートすることができます。やはり、これからは**違和感をいち早く活かして、変われる企業だけが生き残っていける**のでしょう。(232ページ)

私は、これからの時代こそ、丸亀製麺のような**「手づくり・出来たて」「体験」「エンターテイメント」**が付加価値になると考えています。(237ページ)

おわりに

「食べるのは一瞬ね」と、母がこぼしたことがありました。

時間も手間もかけて一生懸命作った料理を、私がほんの数分で食べてしまうものだから、「なんだか味気ない」とでも言いたかったのでしょうか。特に若い頃は空腹を満たすことが優先で、しっかり味わうこともなく、また「おいしかった」という言葉もないまま黙々と食べていたのかもしれません。

でも、母の手料理が明日の自分をつくっていたし、言葉では言い表せない幸福感が蓄積されていたのは言うまでもありません。親元を離れ、その感情は増すばかりで、家族を持った今、単身赴任先でその想いは妻に向けられるようになりました。

手間暇かけられたもの心の込もったものは、時間を経て後からずっしりと響いてきます。小さな小さな〝幸せ〟が積もっていくからでしょうか。それは、にわかにできたものではないからこそ、時間をかけて心に響いていくのだと思います。

飲食業に長年携わる中で、お客様との接点は一瞬だと常々思わされます。

でも、その一瞬に何を提供できるか。何を込められるか。一瞬だからこそ、そこに時間や手間をかけることに大きな意味があるのではないかと思います。

一杯のうどんをつくるのにたくさんの人の心が込められています。買ったものをレンジで「温めなおす」ことに慣れてしまっている現代人にとって、そこにはない〝あたたかさ〟を感じていただけたらこのうえなく嬉しく思います。

時代は目まぐるしく変わっています。どんどん効率が優先され便利な世の中になりつつあります。

でも、人という生き物に心が通っている限り、できることはまだまだあると思っています。ロボットには譲れない領域が広がっている。未来は明るいとさえ、思っています。

本書を締めくくるにあたって、感謝の意を述べさせてください。

まず、本書の出版にあたり快諾してくださり、ご協力をいただきました株式会社トリドールホールディングスの粟田貴也社長、丸亀製麺の運営を担う株式会社トリドールジャパンの恩田和樹社長、そして、丸亀製麺の味を守り続けている麺匠の藤本智美さんへ。

他にもご協力をいただきました皆さまへ。

また、日々現場で汗を流し常にクオリティの高い商品とサービスを提供するため一所懸命取り組んでおられるスタッフの皆さまへ。

いつも温かくも的確なアドバイスを下さる新橋の勉強会の皆様へ。

イメージどおりいやそれ以上の装丁をしてくださった井上新八さんへ。井上新八さんデザインの表紙で本を出版させていただくことが長年の夢でした。今回それが叶《かな》いました。

最後に本書を最後までお読みいただきました読者の皆様へ。

心から心の底から感謝申し上げます。ありがとうございました。

本書をお読みいただいたあと、湯気の立ち込める活気溢れるお店に足を運んでいただき、実際に体感いただければ大変嬉しく思います。

2018年8月

小野《おの》 正誉《まさとも》

講演・セミナーのご依頼、お問い合わせはこちらまで mmmoon7204@gmail.com

丸亀製麺《まるがめせいめん》はなぜNo.1になれたのか？
——非効率《ひこうりつ》の極《きわ》め方《かた》と正《ただ》しいムダのなくし方《かた》

平成30年9月10日　初版第1刷発行

著　者　小《お》野《の》正《まさ》誉《とも》
発行者　辻　浩明
発行所　祥《しょう》伝《でん》社《しゃ》
〒101-8701
東京都千代田区神田神保町3-3
☎03(3265)2081(販売部)
☎03(3265)1084(編集部)
☎03(3265)3622(業務部)

印　刷　萩原印刷
製　本　積信堂

ISBN978-4-396-61661-8 C0095　Printed in Japan
祥伝社のホームページ・http://www.shodensha.co.jp/